13坪の本屋の奇跡

木村元彦

ころから

13坪の本屋から見る「出版ムラ」

その書店を知ったのは、小学館の編集者のミナガワさんの紹介だった。「木村さん（筆者）、大阪に行ったら、ぜひ訪ねてみて下さい」と言われたのである。

「とにかくやっていることが面白いんです。行けばきっと好きになる本屋さんですよ」

ミナガワさんには新書と文庫、それぞれ一冊ずつ担当をしてもらい、その丁寧で誠実な仕事ぶりから大きな信頼を置いていたので、ぜひ顔を出そうと考えていた。機会が訪れた。執筆陣の末席に加わった『在日二世の記憶』（集英社新書）の刊行パーティーが、２０１７年初頭に毎日新聞の大阪本社で行われたのだ。

翌日、大阪の大型書店に新刊の営業に回ろうという編集者に、まずこの書店に行ってみようと伝えて谷町六丁目に向かった。調べた住所を訪れると、長堀通りのオフィス街。日曜日の午前中ということもあり、閑散とした空気の中でその隆祥館《りゅうしょうかん》書店はあった。

最初の印象は、「えっ、本当にここなのか？」という驚きだった。想像を超えて小さかったのだ。坪数で言えば、13坪。小じゃれたレイアウトのデザインショップでもなく、店構えは店頭に雑誌が並ぶ変哲の無い普通の書店。ところが、一間にも満たない間口から店内に一歩入ると、違った驚嘆が待っていた。正面には人文系のロングセラーが置かれたラックが出迎えるように置かれ、右手の棚には骨太のノンフィクション作品が並んでいる。単に部数が出ているという本ではなく、原発、人権、冤罪、列車事故、環境…、今、まさに日本や世界で起きている事件を丁寧に扱っているものが、圧倒的に多い。

ただ目利き自慢というだけではなかった。目を凝らすと、当店で何冊売り上げたかの冊数を記したポップが貼られていて、それぞれが優に3桁を越えている。この規模の書店で、放っておいても売れるベストセラーではなく、地味なノンフィクションの販売実績がこれだけあるとは…。そう言えば、ミナガワさんは「あのお店の店主さんは、刊行前に書店に送られてくるゲラやプルーフ（見本）を徹底的に読み込んで、発売と同時に向いていると思うお客様に薦めているんです」と言っていた。

「店に訪れるお客さんの顔と嗜好を把握しているんです」

さらに棚を見渡すと差別を扇動するいわゆるヘイト本が一切無いのだ。『マンガ嫌韓流』（普遊舎）をはじめとして、この手の本はデマであろうがフェイクであろうが、隣国を誹謗中傷することで溜飲を下げ、結果的に日本人としてのプライドをくすぐる「愛国ポルノ」として売り上げランキングの上位に位置することも多い。それでも客注《きゃくちゅう》（お客の注文で本を取り寄せること）以外は置かないという。

ただ単に本を右から左に動かすのではない。確固とした書店の意志がそこにあった。それでいて、感じたのは、その敷居の低さだ。レジの奥には子ども向きの図鑑や参考書がところ狭しと並べられており、実際に常連さんらしい家族連れが、楽しそうに顔を出しては雑誌やコミックを物色している。ヘイト本が無いから、一発で気持ちが悪くなる煽情的な表紙やタイトルに出遭わなくても済むし、次に読みたいと思ってチェックしていたノンフィクションはあつらえた様にそこにある。意識高い系特有の冷たい感じもしない。

何だろう、この心地よさは？　落ち着いた谷町六丁目の雰囲気も相まって「本当にミナガワさんの言う通りだった」。

以降、関西出張で時間ができると隆祥館書店の棚を見たくなり、顔を出すと、1500人にものぼるお客さんを覚えているという店主の二村知子《ふたむらともこ》氏が店の在り方について、説明を重ねてくれた。それらの言葉には、まさに蒙が啓かれた。物書きとしての生活を重ねていながら、何も自分は本の流通を知らなかったことを、そして今の日本で小売業が70年も続くことの大変さを思い知らされた。

「今まで俺は何も分かっていなかったんだな」

作品に惚れ込んだ書店が、どんなにこの本を売りたいと願って注文しても届かない現状が、日本の配本制度にはあるのだ。リアルな町の書店のことを考えず、たかがアマゾンのランキングを見て一喜一憂していた自分を恥じた。同時にこの書店のことを書けば、いろんなものが見えてくる、そんなふうに思い至った。僭越ながら座右の銘にしている「隠れたファインプレー」も「不可視にされている少数者の境遇」もあぶり出せるのではないか。

実は、本屋を苦しめている出版の流通の問題については、以前から関心が有り、業界紙の役員で第一人者という人の話を一時間以上聞いたことがある。日本の書店はどんどん廃業に追い詰められていて、1999年には約23000軒あったものが、2018年には約8000軒に減少していた（図書カード取扱店数）。今、何が町の書店を苦しめているのか？彼は一貫してアマゾンの批判に終始した。しかし、問屋である取次《とりつぎ》（取次会社）については、「そこは悪くないんですよ」と擁護の姿勢を崩さなかった。別のところでは、舌鋒するどく（取次会社の)日販《にっぱん》やトーハンの課題を指摘すると聞いていたので不思議に思っていたが、ふと横に紹介者のメガ出版社の社長室の人物が座っているので合点がいった。第一人者氏は話す場所やポジションによってその内容を変えているのだ。

取次店の大手株主である版元の前では批判しない。忖度が当然なのだ。しかし、時と場合に応じて発言を変えていては、問題の本質はいつまでたってもアナウンスできない。そしてメガ出版社そのものについてもタブーがある。例えば、2012年に経産省が東北の復興支援をうたって予算を投じて行った「コンテンツ電子化緊急事業」という事業費20億円のプロジェクトがあった。これは東北に関連する書籍を選定して、それを同じく東北・被災地域にあって一定要件を満たす企業を通じてデジタル化するというもので、中小出版社と被災地支援をその目的としていた。しかし、蓋を開けてみたら、6割の予算は大手出版社に流れ、25%の書籍化は東北以外で行われていた。「東北の出版社は老舗ですら申請ができず、そもそもが瓦礫が残る現状に電子書籍化が復興に役立つなどというのは、こじつけだ」と地元東北の人々の怒りの声が上がっていた。

要はアマゾンのキンドルが上陸してくることに危機感を覚えた出版業界が、電子化を急いだためと言われている。もちろん国が電子書籍に補助をすることで出版業界を支援することは、理解できるが、復興予算をそこに充てたのは到底適切とは言えない。しかし、業界紙では、批判の声が起きなかった。復興に向けて動く書店を描いたノンフィクション作品の中でもほんの数行、取次店を批判したところ、それが刊行直前に削除されたという話も携わった社員から聞いた。

「短い文章でしたけど、すごく社内で問題にされてしまったんですよ」

在京5社、在阪5社のテレビ局は吉本興業の株主なので、吉本への批判は地上波では放送されないという。日販とトーハンの株主は大手出版社が占めている。

出版ジャーナリズムという言葉があるが、原子力ムラならぬ出版ムラがあり、大手版元や取次店には批判ができない縛りが厳然としてそこにある。最初の体験があまりに象徴的だったので、以降、私はこの手の権威や学会はまったく信頼しなくなった。しかし、取次店を通さずに本を書店に届けている出版社ころからならば、そのタブーにも切り込める。何が本屋を苦しめているのか。高所から見下ろすのではなく、町で暮らす生活者としての視点から、じっくりと書店を描いていこうと考えたのである。

目次

第2部 本屋がつなぐ 91

第1部 本屋が闘う

創業者　二村善明

今から70年前。未成年だった二村善明《ふたむらよしあき》がそのとき何を志して、何を夢見て母親とともに書店を開業しようとしたのか。すでに没している人物であるから、今、直接答えを肉声で聞くことはできない。それでもその書店、隆祥館書店が長きに渡って歩んで来た歴史を辿れば、おのずと善明の回答は見えて来る。

店のある大阪市中央区安堂寺町は、新人文学賞の直木賞に名前を残す直木三十五《さんじゅうご》の出身地であり、その界隈は、平城京の飛鳥時代にさかのぼる長い伝統と歴史を持った街である。上《うえ》町《まち》台地という古くから文化的な地盤があった上に、書き残された生前の善明の言葉に依れば「あの時代は戦後の混乱期で、誰もが自分たちはどう生きていくべきか。その知識を欲していて、そして誰もがそれを本から求めようとしていた。一人一人が生きていくために本を必要とし、老いも若きも本を読んでいた」という。

戦時中、書籍は出版法によって内務省の厳しい検閲を受けて統制されていた。あらゆる本は刊行の3日前にお上に納本することを義務付けられていたのだ。終戦直後もまたGHQ（連合国軍最高司令官）による占領下で、いわゆるプレスコードに縛られていて、原爆を描いた峠三吉の詩集『にんげんをかえせ』などが、発禁本とされていた。それでも人々の書籍への飢えは尽きることなく、それらが解けて、自由の風に触れると皆が堰を切ったように知識と真実を求めて本へ群がった。

善明が本に向かったのが、時代背景ならば、その信念はどこから来たのか。2008年に善明は書店組合の質疑の場で、「出版を文化として捉えるのか？　経済法則の問題として捉えるのか？」という提言をしている。

「今、『蟹工船』が80年経って改めて文化として世間に登場するという例を見ても（筆者注　日本が露骨な格差社会になり始めた2008年当時、小林多喜二《たきじ》が底辺に喘ぐ労働者の過酷な現場を描いて1929年に発表した小説『蟹工船』が再ブームとなり、この1年間だけで50万部を売り上げていた）文化というものが、一定の期間の利害法則だけで拘束されてはならない、非常に大きな性格のものだという点が、わかる」

いまでは日本のプロレタリア文学の代表作とされる『蟹工船』は発売直後に発禁処分になり、筆者の小林も特高警察に逮捕され拷問の末に惨殺されてしまう。それが21世紀に蘇り、『蟹工船』は2008年の流行語にもなった。「本を一定期間の利害法則で縛るな」「消費するな」これは善明があたかも遺言のように語り続けた「本を商業主義の餌食にするな」に繋がる言葉である。13坪の小さな隆祥館書店の大きなポリシーとなっている、かような言葉を生んだ背景は何であったのか。

10代の頃の善明を知る女性と出会うことができた。善明より11歳年上にあたる西川照子。95歳となる今もかくしゃくとして講演会などに出かけていく彼女は、大阪で長く反戦平和運動に関わっていた。まさに戦中戦後の谷町、上本町の町の歴史を実体験として知る人物である。

「二村さんとことは、家も近うてね。善明君、ボンて言うてましたけど、ボンは幼い頃からよう知ってます。高校生の頃は熱心に学校でガリ版刷りの新聞を一生懸命に作ってましたわ。活発で話好きで、大学には行かへんかったけども、阪大や京大の学生さんに可愛がられて、よう勉強を教わってましたよ。高津に通っとったんやけど、とにかく学校が好きでね。そこで影響を受けたんやと思いますわ。本もよう読んではって、本屋の経営に向かったんも高校の影響からでしょうね」

長堀通りのスポーツメーカーＳＳＫの本社を指さして、ここは昔、病院でしたわ、裏にはこんな人が住んでおられて……、と記憶の引き出しが無数にある西川が言った通り、調べれば、善明が通った大阪府立高津《こうづ》高校の存在の大きさに突き当たった。戦後の学制改革で新制高校となった名門高津は、進学率の高さのみならず、戦前から圧倒的に自由闊達でリベラルな校風で知られていた。第二次大戦中もほとんどの学校の制服が、国防色になり、脚には陸軍式のゲートルを巻くようになっても、黒の学生服のままで、脚は白の脚絆《きゃはん》であった。このおしゃれな脚絆に憧れた学生も多かったという。

大阪府立高津高校

善明の一学年上で、ほぼ同時期に高津で青春時代を過ごしたボードビリアン、故マルセ太郎は著書『芸人魂』（講談社）の中で母校についてこう書いている。

「なにせ織田作之助の出身校である。〽世帯持つなら北野　相談相手は天王寺　恋をするなら高津　先輩から聞かされた唄だ。多分に手前味噌だが、言い得ていると思った。学区制がなかったから遠方よりの志願者も多く、入試は難関だった」

マルセ太郎は独自路線の芸の道を選んだ無名時代から、博覧強記で知られる日本冒険小説協会会長の内藤陳に「君はお笑い界の芥川賞作家だ」と称賛され、立川《たてかわ》談志や阿佐田哲也、永六輔《えい》からも高い評価を得ていた。売れなかった浅草演芸場時代の芸でさえ、ビートたけし（青春ドラマネタ）やタモリ（4カ国マージャン）に模倣されていった。やがて一本の映画を一人で演じて再現する「スクリーンのない映画館」という十八番を確立して不世出のボードビリアンになるのであるが、そのマルセが、自身の原点はこの高津の三年間にあったと語るのだ。

「結果的に高校が最終学歴になったからでもあるが、僕はいまでも高津を愛している。充実した三年間だった。人格のほとんどが、ここで形成されたと思っている。あらゆるものが、ごった煮になって僕を押し込み、傷つき、悩むことのみ多かったのだが、『青春時代』で唄われているように、確かに青春とは後から思うもの、僕は高津を何度も繰り返し思い続けて来た。喋り続けてもきた。毎年正月は家族揃って、大阪の弟のところに行くのだが、ときには娘を連れて高津を訪れる」（芸人魂）

生前、舞台の上からも偏差値教育を批判し、多様な価値観を持つことの大切さを説いていたマルセは高津高校を生涯愛し続けたと筆者も直接聞いている。善明の生活空間でもあったそこは、旧制中学時代から続くファイアーストームや、生徒がすべて自主的に運営する体育祭や文化祭、留年を繰り返しながら独学で大阪庶民文化史の大家になった肥田皓三の存在など。まさにすべてが自由だった。

マルセ太郎が善明の一つ年上なら、『血と骨』（幻冬舎）で山本周五郎賞を受賞した作家の梁《ヤン》石日《ソギル》は2学年下にいた。その梁は半生記『修羅を生きる』（幻冬舎アウトロー文庫）の中で、高津の入学式での衝撃をこう書いている。

「そして入学式の行われる講堂に入って驚いた。演壇は学生に占領されていて、その中の一人が講堂に集まっている学生に向かって激しいアジ演説をぶっていた。学生の間から激しいヤジが飛び交い騒然とした雰囲気だった。上宮中学（筆者注　梁の通った中学）のあの線香臭い坊主たちの眠たそうな授業風景と、馬鹿げたいたずらしかできない生徒たちとはあまりにも対照的であった。私はどぎまぎした。面白いことに教師たちは講堂の隅に立って演説に耳を傾けていた。入学式を敢行しようとする教師に対して、演説をぶっていた学生がマイクを通して、『あんたの立場はわかるが、我々にも立場がある』と言ったのには笑ってしまった」

梁はこの入学式で、いままでおれはなにをしていたのだろうと、おのれの無知と無関心を恥じ、若い正義感がふつふつと燃えあがったと書いている。

梁と同じくこの熱く混沌とした、それでいて自由な高津の夜間部に通いながら、善明は母親とともに書店を立ち上げた。後年、嫁いで来た妻の尚子によればそれは「吹けば飛ぶような本屋」だったという。善明は熱心な働き者であったとだれもが口をそろえる。家もまだ借家であり10代での起業は自活して生きていくための手段でもあったが、それは「僕は本が好きで好きで仕方がなかった」という善明の意志が自然と向かわせたというのが、西川の記憶の中にもある。

若い情熱は高校での学び、家業での労働に留まらず、後述することになる社会正義への関心にも向かっていった。今の時代から考えても17歳の少年がそれだけのものを一気に背負っていたということに驚嘆するが、それが二村善明であった。

町の書店

善明による町の書店経営のあり方は、版元と顧客が雄弁にその死後も語っている。自身が歌人でもあった河出書房新社の河出朋久社長は、担当した川端康成や三島由紀夫、円地文子《えんちふみこ》、井上靖、松本清張《せいちょう》などとの交流を活かし、日本文学全集を編んで自社を「全集の河出」「文藝の河出」として出版界でその地位を確立させたことで知られているが、その河出書房の全集を大阪で最も売った書店員が善明であった。善明にすれば、本を読むことで地域の人たちのリテラシーが高まる、本を読んでもらいたい、という創業以来の志があり、河出の全集はまさに薦めたい配本ラインナップだった。

当時、河出で営業を担当していた若森繁男は、2002年に朋久から3代あとの社長に就任することになるが、善明のことを強烈に記憶していた。「二村善明氏は地域の人に全集を勧めることで読書による街づくり、人づくりに多大な貢献をされていた。単に売るだけでなく自身も内容を深く読み込んでおられた」との言葉を河出の社員に残している。生涯、文芸が人の心に与える影響を信じた若森は、それを地元の人々に丁寧に説明して販売してくれた善明の功績を嬉しかった事実として讃えている。

一方、谷町の店に下駄ばきでやって来た近所の常連客たちはこう語り継いでいる。北新地《きたしんち》のステーキハウスで働いていた関根祐一は、バイクで東大阪の自宅に帰る途中、閉店間際に寄ってはコミックを買っていた。

「僕はおっちゃんに『いっつも買うもんが、マンガばっかりですんませんね』と言うてもニコニコとして『ええんですよ。マンガからでも学ぶもんは仰山あるやないですか』と言うてくれるんです」

関根は手塚治虫の『きりひと賛歌』について語り合ったことが忘れられない。

「年上やから、と言うて上からモノを言うたり、自分の意見を押し付けることはされない、人に合わせて静かに会話される方でした。いつもどんな本についてもどんな話題についても答えてくれるんですよ」

関根は社会問題において、善明とは異なる考えの持主であった。しかし、善明は声高に論争したり、拒絶することはなかった。問われれば、にこやかに対話を重ねてゆっくりと芯の通った自分の考えを述べた。歴史認識についてもひとつひとつ事例を上げて説明した。「こういう資料があって、こういう発表がなされてるんですわ。せやから、私はこう考えるんです」「そうなんですか。二村さんの言うことなら、そうかもしれませんね」と関根も聞き入った。店主と客の関係を越えた人としての信頼があった。

「僕が気に入ったんは、善明さんとこの書棚は、大手書店みたいにジャンルごとに初心者用から専門家向けというように物語を作ってあるんやないとこですわ。マンガ、児童書から、研究書まで雑多に並べてあって、その中でしっかりと分類分けがなされとるんです」

関根が仕事で遅くなると、善明は閉店時間が過ぎていても閉めかけていたシャッターを開けて店に招き入れた。ときには缶コーヒーなどを振る舞って午前1時、2時まで会話をするので、妻の尚子が心配して店をのぞきに来たりした。雑誌や書籍を販売しての書店の取り分というのは約2割である。粗利利益は300円の雑誌を売って60円、500円の文庫を売って100円である。町の書店の場合、一人のお客が落とすお金は大手書店のように多くはないが、善明はむしろそんなお客とのコミュニケーションを大事にした。関根のような常連だけではない。本についての会話を求めてくるお客に対してはジャンルや頻度数にこだわることなくすべて分け隔てなく接していた。

筆者も寺田町のゲストハウスに泊まった際、宿に集まっていた女性客たちの中から突然、隆祥館書店の名前が出て来て驚いたことがある。

「ここからは距離もありましたけど、よう行きましたよ。何や、楽しくてね。あこのおっちゃんと本の会話するだけに行ってたこともありますよ」

寺田町は生野区であるから、中央区の谷町六丁目は近いとも言えず、それでも13坪の店に頻繁に通っていたという。

善明は頭でっかちの教条主義者にならず、また揺るぎない信念はあっても一方的に自分の価値を押し付けるようなこともしない。来店するお客さん以外にも、外出できない高齢者の所にも本の御用聞きに回ったり、インフルエンザの流行で学校が休校になると、家で退屈している子どもたちのために宅配を始めた。『トム・ソーヤの冒険』や『十五少年漂流記』などの児童書やコミックを一冊から届けたのである。マルセ太郎的に言えば、善明は高踏に立ちながら、権威におもねらず、大衆性を愛していた。

そしてまた町の人々も隆祥館書店を愛した。善明が自転車で本の仕入れから帰ってくると、いつも店頭にはそれを待ちかねていた子どもたちがいて歓声を上げた。

「おっちゃんが来たぞお！」

我先にと学習雑誌や本を受け取ると、付録入れ作業を率先して手伝ってくれた。安堂寺、龍造寺、空堀界隈は戦災に遭わずに焼け残った家屋が多い。歴史を感じさせる古い街並みの中で、店はいつも活気にあふれていた。

家族経営

隆祥館書店に神戸《かんべ》尚子《ひさこ》が、嫁いできたのは1959年である。尚子は南区（現中央区）で名前の通った会社、神戸印刷の娘で、祖母は戦時中に空襲で焼け出された人々や子どもたちに私財を投じて炊き出しなどを振る舞っていた篤志《とくし》家であった。母は女性運動の熱心な活動家で、戦後にできた全大阪主婦連盟の会長として女性の権利獲得に奔走していた。かような家庭環境で育った尚子もまた職業を持って自立を希求する女性だった。

善明の高校時代には、公開されたばかりの「風と共に去りぬ」が、日本の映画界を席巻していた。尚子は西洋的な顔立ちで、そのヒロイン、スカーレット・オハラを演じた女優ヴィヴィアン・リーに似ていた。日本ではまだ謙虚でしとやかな女性が美徳と言われた時代である。燃え立つような情熱で自らの力で人生を切り開くスカーレット・オハラの魅力は新鮮で、銀幕をはみ出さんばかりに躍動していた。「風と共に去りぬ」にすっかり魅了されていた善明は、見合いをしてすぐに結婚を決めた。尚子は、ただの美人ではなかった。気性もスカーレット・オハラよろしく勝ち気で生命力に溢れていた。

尚子はひとつのことをやりだすと極めるまでとことん突き進めるという性格だった。まずは裁縫。戦前から衣服デザイナーの草分けとして名高い伊東茂平から、洋裁を学んでいた。伊東は日本の洋服飾業界を牽引し、後進のために伊東洋裁研究所、女子美術洋裁学校を設立したことで知られているが、活字の世界でも『婦人画報』でファッションページに寄稿しており、当時の先端を行くデザイナーだった。

その薫陶を受けた尚子には、デザインセンスに加えて針とハサミの正確な技術も培われていた。腕を聞きつけた人々から、注文依頼が殺到し、一般の洋服以外にも大阪ミナミのキャバレーで働く女性のための舞台衣装も作っていた。善明はプロポーズの言葉に「僕と結婚したら、洋裁の店を持たせてあげるから」と言っていたほどである。書店が忙しく、それどころではなくなってしまったのだが、店も尚子が仕切った。夫妻は30歳までに借家だった店を買い取るということを目標に昼夜働き続けた。１９６０年代は出版が右肩上がりの時代で、本や雑誌が飛ぶように売れた。尚子は妊娠しても大きなお腹を抱えて臨月のときまでバイクに乗って配達を続けていた。やがて３人の子どもが生まれた。

尚子は、家族旅行に行く際には、長女の知子、次女の佳子《よしこ》に必ずお揃いの洋服を縫い上げては、それを着せて外出させることを常とした。知子も佳子も幼いうちから手製のトレンチコートを着ている写真が残っている。知子は大人しい性格で、幼稚園でも目立たない存在だったが、佳子は勝ち気だった。園児でもませた子はケンカになると、家業を引き合いに出して、

1950年代の隆祥館書店。立地は今も変わらない

口撃してくる。そこは大阪で、商売人の子はこんなふうに言われる。「何や、よっちゃんのとこでもう本買うたれへんからねえ」。それでも佳子は負けていない。「ええもん、○○ちゃんには本売ったれへんからねえ」。子どもたちは幼いながらに本屋としての矜持があった。

尚子は料理も得意で、大晦日にもなれば、娘二人を連れて「大阪の台所」黒門市場に行っては、多くの食材を購入し、おせち料理に腕を振るった。生の新子《しんこ》を生姜や醤油で煮詰めた「いかなごのくぎ煮」などは、大量に作っては親戚、近所に景気よく振る舞った。学究的で慎重な善明に対して、尚子は度胸が据わった親分肌で周囲の面倒見も格段に良かった。配達のアルバイトを3人雇っていたときは、時間を見ただけで誰がどこの配達先にいるかを把握していた。

同時に商才のカンがあった。いざ店の家屋を買い取るとなったとき、当時の目抜き通りであった安堂寺町側の物件を押さえると誰もが思っていたところ、尚子は反対側の長堀通りに面した側を購入する決断を下す。結果的にこれが正解で、以降は地下鉄長堀鶴見緑地線の入り口も出来た長堀通側がメイン通りとして栄えていくのである。小売店にとって人通りの多い往来に面しているというのは言うまでもなく、大きな利点である。

店を法人化するときも尚子が代表、善明は専務となった。本の選書や販売は善明が行い、尚子は経理や契約、約定《やくじょう》をしっかりと抑えていた。

子どもたちに物心がつき、学校に通い出すと、教育熱心な尚子は夏休みの前に宣言した。

「明日から、ラジオ体操に行く前に家族全員で本を読むよ」

読書習慣をつけるために、書店だからこそ出来た「本育」である。朝の5時に起きて、感想文コンクールの課題図書や古典の童話を親子5人で代わるがわる音読するのである。店は、勤め人が会社の往き帰りにも寄れるように午前8時半から午後10時まで開けていたので、深夜まで仕事をしていた善明にとっては睡眠時間が削られる激務であった。「お父さん、まだ眠いわ」しかし、この習慣が長女の知子を比類なき本読みにさせた。

佳子もまた「八月がくるたびに」の読書感想文を書いて優秀賞を受賞して表彰された。佳子が地元の清水谷高校に進学すると、英語教育で名高い菊井忠雄教諭が担任となった。清水谷は研究発表が盛んに奨励されており、菊井がテーマを出すと、生徒たちはそれに伴って資料や参考文献を漁った。一年目は関東大震災と朝鮮人虐殺の研究発表ということで、善明は自ら選書してめぼしい書籍を手配した。佳子は善明から、「事実を見抜くには力がいるんや。流言飛語、大勢の人が言っているからといって、ただそれに流されたらあかん。隠されているることもあるからな。大事なことは調べるんや。それで本で知識を蓄えたら、人に喜ばれる仕事をしなさい」とよく言われた。

担任の菊井は北野高校の定時制を教えていた頃、複雑な境遇にある生徒を自宅アパートに招いては食事を振るまい、ボーナスをそれで使い果たしてしまっていたという熱血漢で、善明に会うと互いに感じ入るものがあり、すっかり親密になった。以降は何度も店にやって来ては、善明とお茶をすすりながら、談笑していた。家族経営による本屋の良い時代であった。父と恩師の影響も有り、佳子は小学校教諭の道に進んでいった。

万引きは罪を憎んで人を憎まず

善明の経営方針で徹底されていたものがある。それは万引きを発見しても絶対に警察に届けずに、店が対応するというものであった。万引きは書店にとって死活問題である。本の利益は定価の2割前後。仮に20%とすると1600円の新刊が売れても儲けは320円でしかない。薄利であるがゆえに一冊でも盗まれてしまうと、5～6冊分の売り上げがあっと言う間にふっとんでしまう。

あるとき、地元の中学生によるエロ本の万引き事件があった。本をカバンに隠すところを見てしまったのは、長女の知子だった。万引きは発見した方がどきどきする。大人しい知子ならなおさらだった。それでも止めないといけない。「ボク、今、雑誌を盗ったでしょう?」素直に認めたので、少しホッとして母を呼んだ。

尚子が諭した。絶対に警察に届けないというのが、店のポリシーであった。それでも未成年の場合は家と学校には連絡を入れていた。

「あんた、家に連絡するけど、お母さんいはるのん?」「お母さん、おらへん。仕事に出てんねん」昼はパート、夜は水商売に出ているシングルマザーの家庭だった。「ほんなら、学校には一応連絡するよ。○○中学なんか?　近所やんか」

「おばちゃん、学校には言わんといて」「何でやのん。あんた、自分が悪い事したのは分かってるやろ?」「そやけどな、先生がすぐ、僕のことを殴るねん。それが嫌なんや」「そんなんしはるんか……。分かった。連絡はするけど、おばちゃんに任せとき」

雑誌を買いに店に常連客たちが次々にやって来た。レジの横に神妙に立っている少年に気がつくと、「どないしたん?」わけを話すと、客もまた少年の身の上について相談に乗り始めた。「何かおもろないことがあったんか?　そんなときはな……」ひとり帰ると、またやって来た客が「何したんや?」当時は喫茶店のように常連客が自分の空いた時間に連日やって来ては話し込んでいくという時代だった。「おっちゃんもエロ本は三度のメシより好きやけどな、万引きはあかん。本屋さんは、一冊盗まれるだけでも大赤字なんや、何でか言うたらな……」「学校はどうや。友だちいてるか?」次々とやって来た客が代わるがわる持論を話して相談に乗り、小さな店内はカウンセラー会場のようになっていた。

学校に電話をすると教師が飛んで来た。低頭する教師に尚子は言った。「この子も反省してるし、うちは警察には言わない。ただ、先生に約束して欲しいことがある」。警察沙汰にはならないことで安堵した教師は何でしょう、と聞いてきた。「この子は人様の子や。これからは、絶対にこの子を殴らんといて欲しい。指導は殴ってきかせるもんやないでしょ」

店の切り盛りのみならず地域や親戚などの間でも集団を引っ張ることが多く、こんこんと説くその言葉には力があった。尚子の説諭でその教師の体罰は止んだ。

しばらくすると、中学校から電話がかかってきた。教師が言うには、万引きをした少年は不登校児だった。それが、体罰も止み、この体験をきっかけに通学するようになったという。「おかげであの子、毎日学校に来てますわ」教師の弾んだ声がした。電話を受けた知子は受話器を置くと、店内にいた常連に報告した。「この間のあの子ね。学校、来るようになってんて」「おーっ!」狭い店内が盛り上がった。

不公正を正せ　同日入帳問題

店も家庭も商家生まれの尚子がてきぱきと仕切った。善明はいつもにこやかに一歩引いてみているのが常だった。ときどき子どもたちに社会問題について聞かれると、ここぞと解説を施そうとするが、鉄火肌の尚子が「ああ、もうお父さんは賢ぶらんでもよろしい」と打ち切ってしまうのだ。そんなときもにこにこと笑っている。何かあると必ず尚子に叱られるのだが、「電信柱が高いのも、郵便ポストが赤いのもみんな僕のせいですわ」というのが、定番のセリフだった。

私益の争いごとを好まない善明は変なプライドが無い、自分が不満や批判を引き受けることで、丸く収まるならば、それで良いという考えだった。家族も常連客も温厚な善明しか知らなかった。

しかし、ひとたび書店に対する理不尽な振る舞いや仕打ちに遭遇すると、燃え立つような正義感に火がつき、筋を曲げずに徹底的に闘う硬骨漢に変わった。

1996年をピークに出版業界は不況に陥り、右肩下がりを続けている。町の本屋はどんどん廃業に追い込まれている。紀伊国屋書店の創業者である田辺茂一《もいち》は言った。「書店も含む物販業はスペース業であり、時間業である」モノを売る場所を広く確保でき、そこに長く留まる時間を捻出させる工夫ができれば、おのずと来客者は購買していく。その意味でも坪数と立地を誇る大手書店が圧倒的に有利である。

大阪市浪速区《なにわ》で唯一の生き残りという個人経営の本屋、梁川書店の店主、坂口昇に会いに行った。大阪書店組合の中央支部長をしていた善明のことを知る人物である。地下鉄御堂筋線の大国町《だいこくちょう》駅から歩いて数分、文具店と共有する小さなスペースで丸椅子と缶コーヒーを準備して坂口は待っていてくれた。

聞きたいのは善明が成し遂げた大きな仕事。全国的には、誰が端緒を開いたのかほとんど知られておらず、だが紛れもなく日本の町の書店のためにもたらした改革があった。

「浪速区には11の書店があったんですわ。どんどん潰れていって、今ではジュンク堂さんを除いたら、うちとこだけですわ。そんな中で二村さんは小さい店のために必死に頑張ったはった。中央支部の二村さんと北支部の秋末さんの動きはすごかったですよ」

北支部の秋末とは、北区梅田の新ダイビルの地下一階にあったカペラ書店の店主の秋末勝のことで、生涯を通じての善明の同志であり親友であった。カペラもまた売り場面積が20坪弱の零細書店ながら、アートディレクター出身の秋末が自ら作った手描きのポスターやチラシを武器に、足しげく顧客に通う御用聞き営業に徹して売り上げを伸ばした書店であった。全国の書店と取次が共催する「雑誌定期購読キャンペーン」において2年連続でダントツの全国1位を獲得している。善明も秋末も小さいながら売り上げを伸ばし、健闘を続ける書店の店主だが、共通しているのは、自分のところだけが潤えば良いという考えに陥らず、同規模の書店のことを考えていたことである。

秋末が『週刊四国八十八カ所遍路の旅』(講談社)や『週刊新説戦乱の日本史』(小学館)などの販促用に描いたポスターは、本が出る前の説明会で知り得たイメージを見事にビジュアル化したものだった。雑誌も大阪市内を自転車で走り回って、外商で月に約8000冊を売りまくった。かように企画商品や雑誌などは、小回り営業の効く中小書店が支えている側面が確かにあった。町の書店主として秋末は9歳年上の善明を尊敬してやまなかったという。その理由のひとつ。

「私ら中小の店をずーっと苦しめてきた同日入帳問題。あれを粘って粘って改革してくれはったんは、二村さんですわ」

坂口は若い頃からの善明を知っている。

知らされない不都合な事実

そのことに善明が気がついたのは、谷町の小料理屋とんぼで行われた書店組合中央支部の懇親会での席上だった。以前から書店業界では取次会社の返品入帳のあり方を問題視していた。あらためて説明するならば、取次会社（取次）とは、版元と書店を繋ぐ本の問屋のことである。雑誌も書籍も出版社から、この問屋を通して全国の書店に配本される。書店は取次から仕入れる立場にある。返品入帳とは、いったん仕入れた書店が、そこから返品した商品の金額を取次から返金されることを言う。本や雑誌は基本的に委託販売であるから、返品すればその分は戻ってくるので至極当然な流れである。

ところが、これに不公平なタイムラグ（ずれ）があった。取次は月末までに送付した1カ月分の書籍・雑誌の支払いを全額書店に一括して請求するのに対して、書店が売れ残った本を返品しても、それが20日までに仕入れた分しか入帳（返金）されないというものである。取次から納品されれば、書店は即座に1カ月分の入金を求められる。当然ながら、1カ月分を返品すれば、その分が返金されるはずだが、毎月20日以降に納品されたものについては、入金しているにも関わらず、先送りにされるのである。

要は、書店の仕入れに対する請求の締め日（30日分）と返品の締め日（20日分）が合致しないのである。書店側にすれば30日分、きっちりと支払いをさせられているのに、返品して戻ってくる金額は20日分だけ。だから月末の10日間に売れない商品を集中して送られて来た日にはお手上げである。それでなくとも月刊誌などは、会社員の給料日を狙って月末に集中して発売される。その10日間の分の入帳（返金）がないために、資金繰りで書店はいつも苦労している。本来、対等であるべき商取引の関係においてこれは明らかにいびつである。

コンピューターが普及する前は、「手書きで伝票を起こしていたから、伝票処理ができない」という理由がなされて、返品入帳（返金）期日は毎月20日前後とされていた。しかし、すでに紙の伝票なしで返品ができる時代である。とんぼで食事をしながら、「うちの取引はトーハンさんなんだが、やはり、これはおかしい」という話を善明がしていた。

すると、隣席にいた紀伊国屋書店の本町《ほんまち》店の店長が、意を決したように、ぼそりと言った。

「うちは月末の分まで入帳されてますよ」「えっ！」

20日で締められるのではなく、30日間すべてが返金されるというのだ。

同じ書店なのに、条件が異なるという、そんなことがあるのだろうか。しかし、事実であった。紀伊国屋書店などの大手書店は、返品すれば、まさにコンピューター処理で即日に返金されるのだ。それどころか、大手チェーンは即請求さえなく、「委託」の字義通りに通常納品から3カ月後に売れた分だけ請求されるパターンさえある。

対して小さな書店には全額の即請求がまかり通り、月末10日分の返品に対しては返金もされない。この10日間のギャップが原因で、金融機関に繋ぎ融資を頼んでまでやりくりをしている店も少なくない。それでも追いつかずに廃業に追い込まれた書店まであるというのに大型書店だけは優遇されている。しかもそのことを、当事者である書店主たちには、まったく知らされていないのだ。

不公平なこの扱いに、善明は奮い立った。

「すみません。今、ここでお聞きしたお話を公表した上で、問題にさせてもらってもええですか？」

取次が抱えている各書店との間の矛盾が表に出るのだ。誰が洩らしたということになって、犯人探しが始まることで本町店の店長に迷惑をかけたくないという思いがあった。しかし、店長もまたフェアな気持ちの良い人物だった。

「ええですよ。それを私から聞いたと言ってもらって構いません」

元々、取次業界は二社による寡占状態（トーハン、日販の上位2社で80％以上のシェアを占有）にあり、競争の原理がなされていないとして、2006年に公正取引委員会から監視団体に指定されていた。嫌なら取引先を変えるというわけにもいかず、構造的に声を上げにくい。「私ら小さな書店はお客と思ってもらえていないいんですよ」とは、東京・表参道にある山陽堂書店の取締役遠山秀子の言葉である。しかし、これは到底看過できない問題の発覚だった。

ここから、善明の長い闘いが始まった。2008年5月23日の大阪府書店商業組合の第26回総代会で発議したのである。これは「送品・返品同日精算の実現」として決議された。その結果、問題がようやく可視化され、取次との取次条件の改善を求めることが文書に起こされた。以下、大阪書店組合だより第67号より「取次との取引関係を改善することを要求する決議」を転載する。

—現在小売書店は、売上減少の中で経営を維持するため弛《たゆ》まぬ努力を日々重ねています。しかし、同業の数少なくない人々が止むを得ず廃業に追い込まれ、今年度も全国で1，000件にも及びました。出版文化を底辺で支える書店のこの状態がここ十数年続いております。そこで私達は、この時期にこの苦境を打開するために取次との取引関係に平常な状態の回復を要求しなければなりません。その最大の課題は取次会社における返品入帳の早期実施です―

文章はここから問題の中身を具体的に指摘し、腑分けしていく。

―入帳は取次の決算月等においては、大幅に遅れ、それをもって各取次の「残高証明」とされています。つまり、書店の持つべき『金融資産』が取次から入帳されず小売のものになっていません。各書店にとって本当に必要なキャッシュフローであるべきものが小売に皆無、取次に預かりおかれる状態となっています。現在のＩＴ化のもとで返品処理さえなされれば入帳計算は直ちに行えることです―

筆者が幾つかの町の書店で聞き込んだことであるが、毎年取次の決算月になると、年度の売上をあげるためか、滑り込むように大量に商品が一方的に送られて来る。書店はそれらすべてを仕入れと見なされて全額請求される。そして中小零細書店は返品しても先述したように毎月20日以降の納品分はカウントされずに翌月まで返金されないのである。

筆者はこの大手書店との違いについて業界紙出身の記者に問うた。どういう理由に基づくのか？「それは、資金力の無い小さな書店からは未入金の怖さがあるのでデポジットの意味があるのですよ」との説明を受けた。しかし、それならば小規模書店という一律ではなく、入金実績で店ごとに個別対応すれば良いし、商品を返品しているのにデポジットを半永久的に課せられるのも合理性が無い。

実は取次が大手を優遇しているのは、版元との関係も同様で、メガ出版社には仕入れ即入

取次経由の流通・取引慣行の実態

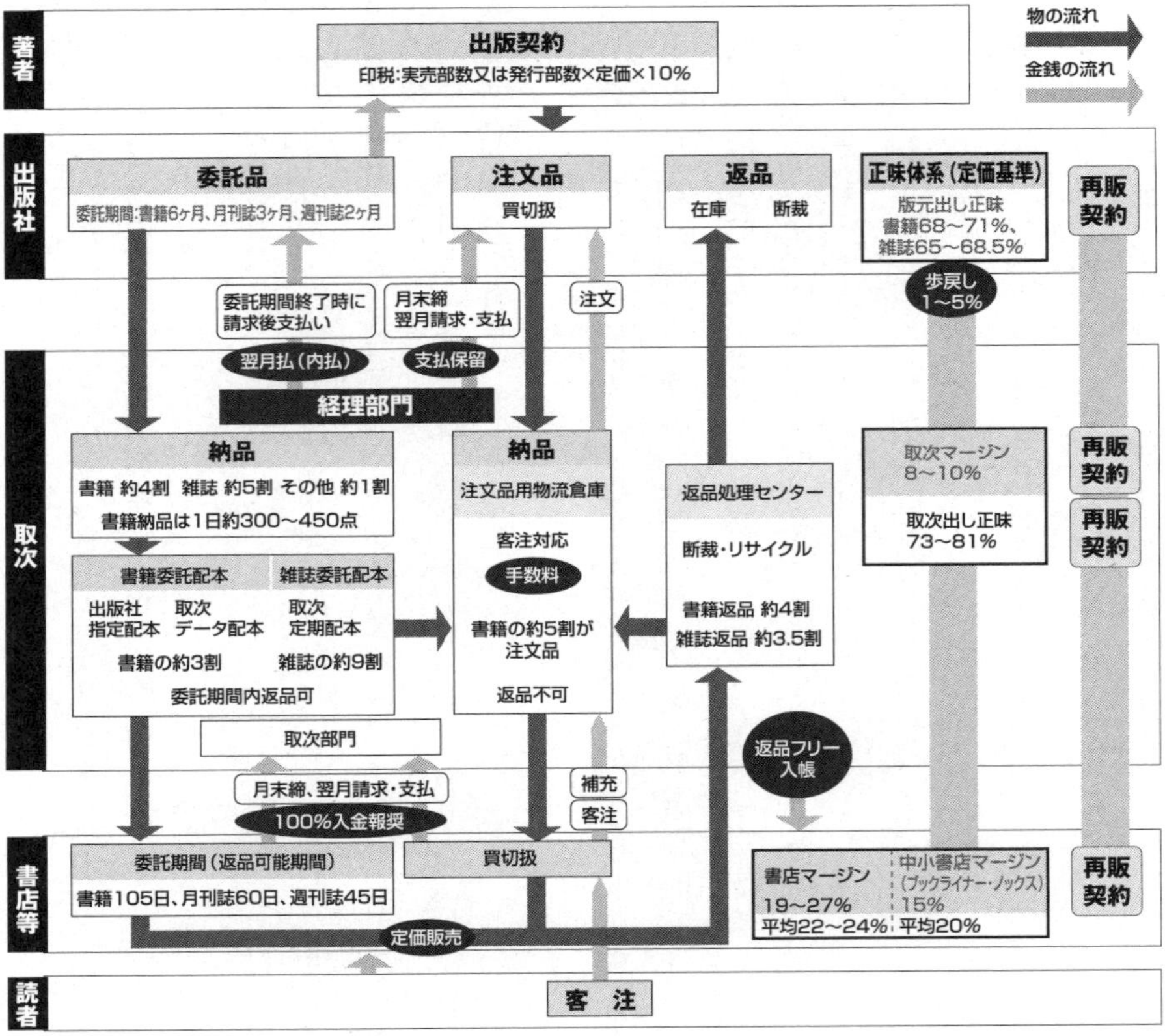

善明が作成した「取次経由の流通・取引慣行の実態」。書籍は取次から出版社への支払い時期が納品から6カ月後なのに比して、書店に対しては翌月に請求されていることが明確にされている

金するが、公正取引委員会の「書籍・雑誌の取引慣行、現状レポート」によれば小さな出版社には次の本が刊行されるまで支払いをしない、あるいは支払いサイトは6〜7カ月後と記されている。つまり出版社も書店も小さな規模のところほど厳しい条件で縛られている。

かつては、取次もここまで不寛容ではなかった。1960年代のこと、隆祥館書店の店舗を改装するとなった際、取引のあったトーハンは、その工事が終わるまで支払いを待ってくれた。結果、改装後は売り上げも倍に伸びて良い投資になったのである。一緒に出版業界を支えていこうという共存共栄の精神があった時代である。しかし、出版不況になると、締め付けも厳しくなる。そしてそれは近視眼に陥ることで、やがて取次にとってのクライアントである書店がどんどん姿を消してしまうことになるのであるが……。

善明が入帳（返金）されないこの10日間の金額を計算してみたら、隆祥館書店のような小さな店においてでさえ、約140万円に上った。当時はまだ1万6千店以上あった全国の書店のトータルで見れば、同日入帳される大型書店を除いたとしても1万店以上に上る書店の10日分の金額がプールされる。果たして何百億という資産が取次には留め置かれることになる。善明の主張は、本来返金されるべきものが入帳されずに、取次だけが肥え太り、それで小売である書店が泣かされているのは、到底納得ができるものではないというものである。先の「決議」には本来の仕入れについて言及している一文がある。

—書店から注文したものと、委託される新刊の雑誌・書籍は即日の請求とする。他の雑誌においては35％程度の返品、書籍は39％の返品が恒常的であり、返品が発生することは確実であるにもかかわらず、現在はその全てを支払うことが前提になっています。

つまり、前記返品入帳日同日請求と注文品の仕入れが確実な仕入であり、新刊雑誌・書籍は、まだ「不確定な仕入れ」であって、約定書等で仕入れの100％支払うとの取決めは、明らかにこれらの状況を無視して取次が支払を強要したものです。この現状態を、取次、小売の双方が対等になる状態にすべきです―

文案を考えたのは善明、書き起こしたのは、坂口だった。中央支部から上げられて大阪総代会で決議され、日本書店商業組合連合会(以降日書連)に持ち込まれた。神奈川書店商業組合も同調、大きなうねりになっていった。善明は自らも法律書を読み込み、店に弁護士のお客が来ると、「先生、僕はこう思うんですが、これで闘えますかね?」と相談を持ちかけては知識を蓄えていった。あまりの熱心さに常連の成見暁子弁護士が親身になってよく聞いてくれた。やがて、独占禁止法2条9項5号にたどり着いた。「取次の優越的地位の濫用《らんよう》」と言語化した。実質的にトーハンと日販の二社の寡占状態にあるために、力の無い町の書店は身動きが取れず、通達されたことに唯々諾々と従うことが、常態化していた。そもそも「配本」という何やら「配給」を連想させる言葉自体が、上位下達の関係を示している。取次に盾をつけば、売れる新刊本を回してもらえなくなるのではないかという恐怖が常にある。「優越的地位の濫用」すなわち、対等ではない関係性の中において、そのパワー(権力)を使っているのではないか、というものである。以後もこの言葉が独占禁止法上で争点になっていく。

善明が組合でスピーチをしている音声データが残っている。取次の抱える矛盾を鋭く突いた演説であった。

「多くの雑誌は我々書店の返品がカウントされない21日過ぎに出版されて送られて来ます。売れなくても、それらの請求は全部されるので払わなくてはいけない。一方で取次が商品を仕入れる版元とのやりとりは違います。雑誌は返品が引かれて実数が出る2カ月後に精算、月刊誌は3カ月後に精算、書籍は6カ月後に精算で良いとなっているんです。版元と取次の間には、それだけの支払い期間の猶予があるんです。ところが、皆さんも経験あるかと思いますが、我々書店に対して取次は月末請求で翌月にすべて払えと。そうやないと送品停止やと。それが矛盾なんです。こういう状況の中で廃業なさった方もいる。書店がした注文と補充についてはもちろん請求していただいて結構。でも頼んでもいないのに送られてくる見計らい配本。例えば、年末には日記や家計簿がどっと送られて来て、1月にそれの請求がどっと来る。そして、取次の決算月には2年前の雑誌まで送られてきて売上げに協力させられる。これはもう解決せなあかんことなんです」

取次は、卸し先の書店には、売れ残っても即時請求をする一方で、自らが仕入れをする版元には、何カ月も先に販売実数分だけ支払う。そんな優位的な地位にあるならば、せめて立場の弱い書店のために同日入帳で、資金繰りのしんどさから解放してくれても良いではないか。この演説で善明は、(後述する)見計《みはか》らい配本の問題についても言及している。店や家庭で「悪いのは全部、僕のせいです」と静かな笑みをたたえている谷六《たにろく》のおっちゃんはそこにはなく、仲間の廃業を止めるために情熱を燃やす、町の店主の姿があった。

大阪での決議を受けた日書連は、6月19日午前11時から定例理事会を開き、取次各社に「送品・返品同日精算」を求める申し入れを送ることを決めた。日書連の柴崎取次改善委員長は「返品の締め日と支払い請求の締め日を同じにするのは当然のこと」と述べて、6月末までに文書回答を求め、「回答がなければ取次一社ずつと話し合いたい」と語っている。

しかし、問題提起に対しての取次各社からの回答は木で鼻を括ったようなものであった。

2008年9月10日にトーハンの風間賢一郎副社長は「いろいろ検討したが、どう転んでも(入帳の)5日間の詰めは難しい。読者のためにも大手の出版社を入れての3社の話し合いが必要だ。この種の話し合いは公取は何も言わないと思う」入帳(返金)されない20日から30日に商品が大量に送られてくることについては、こう発言している。

「出版社が25日頃に搬入するのには、理由がある。20日頃が給料日であり、書店でも読者のふところが温かいころに売りたいと思う。多くの人は、それを狙うのは当然」

同じく11日、日販の橋昌利専務は「同日精算にすると、送品請求の締めを前倒しにせざるを得なくなるので、現状では取次の負担だけが増えてしまう」と逃げの姿勢のコメントをしている。しかし、実際に大型書店にはそのような措置をとっているわけであるから、先送りにしたたに過ぎない。しかもこれらは文書ではなく、口頭によるものであった。

中堅取次の大阪屋(現「楽天ブックスネットワーク」)と栗田出版販売(同上)のように早々に改善に応じた取次もあったが、肝心の大手2社が全く動かなかった。2010年、2011年にも日書連は「早急な実現に向けて最後のお願い」という文書を提出する。タイトル通り中小零細書店にとっては切羽詰まった深刻な問題であった。しかし、回答は得られなかった。

善明はカペラ書店の秋末とともに大阪の書店の細かい案件について、日書連の取引改善委員会の元永剛顧問と密に連絡を取り合って奔走していた。トーハン、日販からのゼロ回答は続いた。実に4年もの間、この同日精算の実施については、「努力はする」というだけで具体的な進展が無かったのである。

ついに2012年4月19日、業を煮やした日書連は最後の決断を下す。定例理事会で、この問題が、独占禁止法に触れる「優越的地位の濫用」にあたらないか、第三者に判断を仰ぐために、公正取引委員会の審査部に調査依頼をすることを決議したのである。5月14日、申告書が公取委に提出された。調査はここから約1年後の2013年6月から開始され、ほぼ半年をかけてヒアリングが行われた。12月12日、その結果が出た。公取委の判断では、「独禁法上、著しく不当とは判断できない。しかし、不問ではない」というもので、ついに両社に対して業務改善案を作成して、書店に提示するように指導が入った。

最終的にはトーハンも日販もこれを受け入れた。返品入帳締切日をそれぞれ月末起算で2営業日前、3営業日前とする改善案文書を12月に日書連に提出した。同日精算とはまだ隔たりがあるものの柴崎委員長は、「これは書店のキャッシュフローの改善に資するもの」と評価した。

善明は一定の成果に大阪で胸をなでおろしていた。自身の提起から、全国に広がり、大きなうねりになっていったことを嬉しくも思っていた。「さすがにあのときの二村さんは喜んではりました」と坂口は回顧する。これまでは、返金の締め日（20日）と月末締めの請求日の間に多くの納品がなされるために、相殺されずに書店の資金繰りを困難にしていたが、短縮されたことで、いくらかは楽になる。

小さな町の書店が潰れると、どんなことが起こるか。文藝春秋で販売を担当していた名女《なめ》川《がわ》勝彦はかつてこんなことを言っていた。

「町の小さな本屋は体内を走る毛細血管のようなもの。毛細血管が詰まるとどうなるか？静脈がやられ、動脈がやられ、最後は心臓が止まる。本も一緒です。毎年月刊文藝春秋は3000冊ずつ、部数が減っている。これは知性の劣化ですよ。そういうものを防いでくれるのが、町の書店です。地域の人が欲しい本を分かってくれて運んでいるんです」

大阪・千日前に1919（大正8）年創業の老舗書店、波屋書房がある。床面積は約30坪で決して広くは無いが、敢えて売れるコミックは置かず、界隈にある黒門市場や料亭のために料理本に特化した棚を設えている。1996年、同じ千日前に全国チェーンのジュンク堂がオープンするということになった。こちらは約1000坪。善明と同い年の店主の芝本尚明は「ジュンク堂の開店の日が波屋の命日やな」と業界関係者に言われたという。圧倒的な資本の差はそのまま田辺茂一の言うスペースと時間の差となり、勝負は一瞬でつくと思われた。ジュンク堂の開店の日、ある出版社の販売役員から芝本のところに電報が届いた。「小さく咲いても花は花。枯らさずにがんばれ！」と激励が載っていた。今までの信頼関係は無駄ではなかった、うちのことを見てくれているのだと、奮い立った。それから20年が経過した。ジュンク堂千日前店は2016年3月19日、賃貸の更新が折り合わず、閉店してしまった。命日どころか、逆の結果になった。

芝本は述懐する。

「うちが力を入れてる料理書に助けられましたわ。ご近所は古くからの料理店が多いでっしゃろ。そやから若い衆が何かと親方に、お前、そんなんは千日前の本屋に行って勉強して来い、と言われてよう来てくれるんです。うちはそれで、包丁か煮方か焼き方か、一番欲しいものは何ですか？　と聞いて差し上げるんですわ」

芝本は善明によくエールを送った。ある夏の日は陣中見舞いにメロンを隆祥館書店に持って来た。

「二村さんは正義感の塊やったね。相手が理事長であろうと何であろうと正しいと思ったら一歩も引かずに戦う人やった」

公取を巻き込んだ6年間の闘いが終わると、善明は「次は見計らい配本の問題をやらんとあかんなあ」と娘の知子にもらしていた。

日本一お客を知る店員　二村知子

長女の知子が、家業の隆祥館書店に入社し、取締役営業部長として働き出したのは、1994年のことであった。

母、尚子の薦めで、浜寺水練学校（堺市）に小学2年生から通っていた知子は、シンクロナイズドスイミング（現アーティスティックスイミング）の日本代表選手だった。幼い頃は水を怖がっていたので、尚子が水泳を薦めたのだが、創設1906（明治39）年という伝統を誇る「浜《はま》水《すい》」は日本のシンクロの発祥地であり、そこで練習を繰り返し、チーム競技のメンバーとしてパンパシフィック水泳選手権において名古屋、メキシコと二大会連続して3位に輝いている。知子の属性を語るとき、このアスリートとしてのキャリアは外すことができない。

指導を受けたのは浜水の先輩であり、後に日本代表、中国代表を率いてロス、ソウル、バルセロナ、アトランタ、シドニー、北京、ロンドン、リオと7つの五輪でメダルを獲得し、「アジアのシンクロの母」と言われる井村雅代（2020年東京五輪日本代表監督）である。知子が小学生の頃、長野県の合宿に行くと、井村は当時まだ現役で力強い泳ぎを見せてくれていた。引退後は、中学の教員をしながら、コーチとして後進の指導にあたっていたのである。知子はまだシンクロが五輪種目になる以前、12歳でこの競技を選んで井村門下に入り、徹底的に鍛えられた。いわば40年以上世界的な選手を育て上げ続けている井村の最初の愛弟子と言えた。鬼の井村の練習は当時から厳しさを極めた。

日本代表合宿ともなれば、朝6時に起床、まずはアップとして個人メドレー。バタフライ、クロール、バック、ブレストを50メートルずつ8本、そして100メートルの潜水。朝食後には飛び込み用のプールで腰に10キロの重みをつけて腕を上げての立ち泳ぎを4本、それからようやく音楽合わせなどの演技練習が入る。ランチの後もまた練習が延々と続き、一日8時間以上は水の中にいた。練習時間の長さもさることながら、シンクロの練習は、体内に貯めた酸素を何度もギリギリまで吐き出す過酷なものである。大会でも酸欠で倒れる選手がいる。選手はどれだけカロリーを摂っても体重は増えない。知子の髪はプールの塩素で茶色になり、更には真っ白になった。この競技を1980年代から取材し続けているテレビ朝日アナウンサーの宮嶋泰子は「物凄くハードなスポーツで多くの身体能力を要求されるのですが、軽く見られてしまうのが、悔しいです」と語っている。引退してからも知子は、水中で息が苦しくなってチーム演技中に自分一人だけ水面に顔を上げてしまう夢を見て、ガバっと飛び起きてしまうことがある。

知子には井村との忘れられない思い出がある。高校1年になったときに1年下に元好《もとよし》三和子が入って来た。1984年のロサンゼルス五輪のソロ、デュエットで銅メダルを獲得することになる元好の才能は当時からすでに際立っていた。身長も高くなく肺活量も人並みでしかない自分は、いくらハードな練習を繰り返していてもこのまま伸びないのではないか。そう思った知子は、井村を訪ねて引退を申し出た。

「先生、私はもうこれ以上できません。私は限界です」

下から追い上げられ、追い抜かれようとしている選手としては、先の可能性は無いと思っていた。井村は即答で返した。

「あんたの限界はあんたが決めるんやない。私が決める」

もっとできる。辞めるなという檄である。

「そうなんや。自分の限界は自分で決めてはあかんのや」

冷静に実力を見ている監督が、もうあなたは無理だと言う前に自分から逃げてはいけない。引退を撤回し、プールに戻った。実際に殻を破ってそこから日本代表に上り詰めていった。以降、この言葉が知子の座右の銘になった。

「自分の限界を自分で決めること、それはすなわち『敵は己の妥協にあり』ということなんですね。うちの母(尚子)はめちゃくちゃ厳しくて日本で一番怖いと思っていたんですが、井村先生はもっと怖かった。朝からいきなり100メートルの潜水て、人間やないです。亀ですよ(笑)。できませんっていつも泣いてました。でも先生のことは大好きでした。本当に公平な方で、例えば、基本のフィギュアの練習を全員でやると、指導者1人で20人ぐらいを見ないといけないときがある。そうすると、下の子は見てもらえないケースがあるんです。シンクロは、この姿勢のこれが真っすぐとか、ここが歪んでいるよとか、誰かに注意してもらわないと、直せない。それが、うまくなりたいのに見てもらえないときは悔しくて、ゴーグルの中でまた泣いていました。でも、井村先生は、絶対に全員を見てくださるんです。すごくフェアで公平に。それだけでもうれしくて、頑張ろうと思えました。努力してついてくる子にはちゃんと成果を出させるという先生で、怖いけどすごく好きだったんです」

東京五輪をちょうど1年後に控えた2019年7月、大阪門真《かどま》にあるスポーツ施設ラクタブドームを訪ねた。日本代表監督井村雅代は、応接室でてきぱきと記憶を辿る。

「知ちゃんのことは、よう覚えてますよ。親御さんが大事に大事に育てられたんやということがよう分かる子でした。練習のときは、いっつも泣いていてね。人間は一生のうちに泣く量は決まってるんですよ。あの時泣いたから、だから今、泣かんと本屋さんを頑張ってやっ

所せましと雑誌が並ぶ隆祥館書店の店頭に立つ善明と知子（2011年）　Photo 本野克佳

てんねん」

なぜ、井村はあのときにあんたの限界は私が決めると言ったのか？　裏を返せばまだまだ伸びると思った理由はどこにあったのか。

「あの子が思ってる自分の限界って、あまりにもレベルが低かったから。だって、元好三和子が入ってきた時も確かに体もトモちゃんのほうが細いし小さい。だけど、テクニックがあった。技術があった。限界って、エッ、あんたもうこれだけで決めるん？　まだ気がついていないところがあるやないのって。彼女にはやるべきメニューが仰山あった。しなければいけない課題があるということは、まだ伸びシロがあるということじゃないですか。だから、『まだまだあなたの攻め方はあるんだよ』という意味で私が限界を決めると言った。そんなもん、物事はいつでもあきらめられるわ。だから、いつもトモちゃんに言うねん。あきらめるのはいつもできる。だから今あきらめたらあかんねん。昔は線が細くて（世界3位となったパンパシフックの）メキシコ大会のときは心配やったから私と同室にしたんです。夜にお腹壊して、先生寝られません、て泣いてた子があんなにたくましくなってね」

八方ふさがりで窮地に陥ったときも決して諦めない。生き残るために他に道は無いか、考える。そして行動する。「敵は己の妥協に在り」が知子が書店を経営していく上での指針となった。

地域密着

1997年に消費税が5％に引き上げられた。出版不況はインターネットの普及など様々な要因が数えられるが、間違いなくこの影響は大きく、その前年をピークに以降、出版物は右肩下がりに落ち込んでいく。すでに雑誌は24時間営業のコンビニエンスストアでの販売がなされており、書店はこの部門での立地と時間帯で大きなハンディを負っていた。

さらに隆祥館書店の床面積は、たったの13坪（約43平方メートル）である。全国平均が95坪（2008年）であるから、7分の1に過ぎない。そんな中で、2000年に知子は店長として、月商1000万円を達成していた。デアゴスティーニ・ジャパンなどの企画ものを丁寧に営業していった成果であった。講談社が出した図鑑「世界遺産」の定期購読を70件、「昭和二万日の記録」（全19巻）も180セットを獲得していた。これは大型書店の外商並みの数字である。知子は、来店者（当時一日平均250人）に必ず声を掛けるということを励行した。世間話から、新刊の話題まで、幅広く会話する中でそれぞれの嗜好を聞いていては、接客に活かしていった。この頃、店に顔を出したお客の長浜充は、イタリアに旅行へ行くことをふと漏らすと、世界遺産のサンピエトロ大聖堂を勧められて、「世界遺産」の定期購読を決めた。

当時、善明は、廃業の淵に立たされている町の書店にとって、最後の望みは長年にわたって自分たちを支えてくれている「顧客」の存在だと考えていた。成功体験がある。前年の6月「大阪人」（大坂都市協会）の発行した「大阪町屋の住まい」という地元谷町・上本町の街並みを取り上げた特集号について、ポスターをつくり、記念になる一冊ですと薦めたら、300人を超える人々が買ってくれた。「本という文化性は、その地域に根差したもので、このお客さんのニーズに合わせてお薦めすれば、喜んで買っていただける。この方法でしか、書店の生き延びる道は、ないのではないか」と善明は業界紙の「新文化」に書き残している（2002年6月27日号）。

知子はその最後の望みである顧客、約1500人の顔と本の嗜好を憶えていった。このお客さんは人文系が好きやったから、今度岩波から出る新刊を薦めてみよう、この人は天体もの図鑑が好きやったお子さんが大きくなって大学に入りはったから、宇宙についての関連本を案内したらどうだろうか。将棋好きのお年寄り、俳句をたしなんでいる女性、阪神ファン、知子の頭の中にはそんなデータが蓄積されていった。

善明は来店者に聞かれれば何でも応えるが、自らが本を薦めるということはしなかった。対して知子は積極的に「これは○○さんやったら、好きな本やと思います」と声をかけていった。

善明は当初、「お前、自分からお客さんに本を薦めるて、そんな大それたことを」と懐疑的であった。「無知ほど怖いもんは無い」とも言っていた。

しかし、買ってくれたお客の好みを記憶しながら、新刊にも目配せを続けた知子が大きな結果を出していくと、本人のいないところでボソリと「あれに本屋は天職やったかもしれんな」と周りのスタッフにもらしていた。

知子は後に、東京国際ブックフェアで、主催側からの依頼で「お客様を知る力は日本一！の書店員」として講演をするに至る。

攻めの営業で書店を取り巻く苦境から脱しようとする知子は、同日入帳問題などで店を抜けて奔走する父に不満をぶつけることがあった。

「お父さん、組合の仕事もええけど、自分の店を放っておかんといてよ」「アホやな、お前、人のためにやってることが、最後は自分のところにまわりまわってくるんやないか」

知子は顧客のニーズに合わせて、雑誌LEONを西日本で一番売ったり、ポルシェの雑誌をバックナンバーから揃えて仕入れ分を完売した。対して善明は「身の丈を考えや、これ以上はうちみたいな小さな店では無理や」と諌める。「お父さんはお客さんのことが分かってへんわ。欲しいものが、お店に無かったら落胆しはるやないの」。親子喧嘩になるとその都度、尚子が「ええよ。知子ちゃん、私が責任とるから、やりなさい」と支持してくれた。

社交的で話好きで、やり手に見える知子であったが、実はこのとき、重いパニック障害に冒されていた。ひとりで地下鉄にも乗れず、美容院にも行けなかったということをほとんどのお客は知らなかった。いわば闘病の最中でもあった。

30代で自分の人生においては、決して起こらないであろうと思っていた事件に巻き込まれた。原因は完全に他者にあり、本人には何の非もなかったのだが、興味本位のマスコミに追いかけられた。被害者であるにも関わらず苦しめられる不条理に人間不信に陥り、何度も自殺願望に襲われた。死のうと思ったが、それもできず、悲しみとストレスが病となって知子を襲った。酷いことに当時はパニック障害という病名が一般に普及しておらず、理解もなかなかされなかった。妹の佳子は「姉は本当にしんどかったと思います。店で元気やのに何で外に行かれへんの？　何で電車に乗られへんの？って周囲は甘えやと捉える人もいてたでしょうし、そんな中で一人で病気を抱え込むしかなかったんやないでしょうか」

知子を苦しみから救ってくれたのが、本だった。助けを求めるように『愛、深き淵より』という星野富弘の書いた作品を棚から抜いた。初めて知る作家であったが、読んでみた。体操選手で体育教師だった星野は部活中に事故に遭い頸髄《けいずい》を損傷し、両手、両足の感覚を失ってしまう。動くのは口だけという身体になりながら、口に筆をくわえて文章や絵を描き始めた。やがてその詩画が認められて個展が開かれるまでに成長していく。

読了したとき、知子は新しい力が全身に沸き上がるのを感じた。

「自分は何て甘えていたんやろう。しんどいときにこそ頑張らんとあかんのやないか。それを私は学んでいたんやないか」

思えばシンクロは水中深く潜っての演技が連続して行われる。手足をどう表出して周囲に合わして表現をするか。息ができずに苦しくてたまらず、窒息寸前で水面に上がったときも必ず笑顔でいなくてはならない。知子は店では必ず笑顔を絶やさなかった。また苦境を知った井村雅代からの手紙も届いた。

「がんばりなさい。私も独立したときは回り全員が敵に見えたもんや。それでも必ず分かってくれる人はいてくれる」

ロス五輪で元好にメダルをもたらした井村は、その直後、浜水の専任コーチを一方的に解任されていた。井村が辞めるということを知った高校生の教え子が2人、「私は先生に教わりたい」とついて来た。指導を続けることを決意すると、古巣から引き抜きと思われたのか、市内の各施設に「井村にプールを貸すな」というお触れが回った。それでも井村は京都・踏水会のプールにまで足を運び、こつこつと指導を続けていた。知子は遠くからでも見ていてくれている恩師の言葉に心が熱くなった。自分の限界を自分で決めてはあかん。自分を救ってくれたのは本。その本を売ろう。決意が固まった。

現在、臨床心理士でスクールカウンセラーを務める知子の娘の真弓は、母親を守りたいという一心から心理学の道に進んだが、その真弓もまた専門的な見地から言う。

「母が病気から立ち直ったのは、家業が本屋でその仕事に就いたからだと思います。本を薦めること、お客様と信頼で結ばれることで心が癒されて、再起していったのでしょう」

生きる自信を無くしていた頃、薦めた本を読んだお客が再び来店し、「この間のあれ、面白かったよ」と言ってくれたことが、無上に嬉しかった。

知子は自らを再生してくれた本に感謝し、本の力を信じている。だからこそ、丁寧に売りたい。お客に薦める以上は、中身を責任持って読み込まなくてはいけないという信条を自らに課している。新刊になる前の話題書のプルーフには徹夜をしてでも必ず目を通す。1500人の顔と嗜好を憶えていることと同時に、そのことが知子に対する大きな信頼となっていた。善明は、「知子に本屋は天職だったかもしれない」と言ったが、知子にすれば、本に対する恩返しのような気持ちが大きく占めていた。「本を売ることは、絶対に手を抜かない」と心に決めていた。

知子と善明は、しばし意見をたたかわすこともあったが、共通していたのは、地域密着の理念だった。知子はある日、ナルミさんという近所のお客さんから相談を受けた。

妻が軽い認知症になってしまい、いつも他人が家の天井裏に潜んでいると言って不安そうにするので、病院にも通わせているのだが、その病気のことを家族としてももっと知っておきたいという。大阪教育大の大学院に講師として通っている娘がいろいろ調べてみたら、精神科医が書いた『屋根裏に誰かいるんですよ。都市伝説の精神病理』という本が詳しく、医学の素人でも分かりやすく書かれているそうなので、ついてはこの本が欲しいとのこと。

すぐに知子は在庫を調べた。版元は河出書房新社、著者は春日武彦であった。しかし、同書はすでに絶版になっていて、取次の倉庫にも無い。

河出に電話をして探してもらったが、版元にももう資料として置いている一冊しかないという。

「それを何とかなりませんか？　お客様が本当に奥様のことを心配してはるんですよ。何とかしてお届けしたいんです。でも手元に置かれるべき本ですよね……」

河出の営業販売の田丸慶はしばらくの間を取って信じられないことを言った。「そうですか。……分かりました。それなら、これをコピーします」

何と、280ページに及ぶ書籍を全部コピーして送ってくれたのである。知子は感謝の気持ちで身体が震えた。版元として、書店として、それはやってはいけないことかもしれない。しかし、これでナルミさんの家族が喜んでくれはるなら、と送られて来たコピーを丁寧に整えて、ナルミさんに渡した。もちろん、お金など受け取るわけにはいかない。商売にならないどころか、貴重な時間を割いての赤字である。それでもしばらく経ってからナルミさんが、「すごく役に立っていますよ。ありがとう」と自分で製本し、付箋をびっしりと貼り、ラインマーカーで真っ赤に染めたコピーを見せに来てくれたときは心底、本に関わった仕事をしていて良かったと改めて思えた。

理不尽

小さな町の書店を苦しめ、廃業に追いやっていくもの。入帳（返金）のギャップだけではない。もうひとつは構造的な配本システムにあった。即日入帳の問題は、紀伊国屋書店本町店の店長が発言するまで露呈しなかったが、配本についてはそれよりも早く、否が応でも気づかされていた。

知子が最初にこれに直面するのは、1999年、小学館が『人間まるわかりの動物占い』を刊行し、爆発的なヒットを飛ばしたときである。生年月日を元に性格を地球、太陽、満月、新月の4つのグループに分け、虎、ペガサス、狼、ひつじなど、12の動物に例えて相性や恋愛の診断を下すこの占い本は玖保キリコの愛くるしいイラストとも相まって爆発的に売れた。「私はペガサスで、あなたは狼だから……」というようなカップルの会話や「僕、ひつじはいややねん。虎がええのに、お母さん、何で虎の日に産んでくれへんかったん」というようなちびっ子の絶叫が至るところでなされていた。

社会現象の様相まで呈していたが、この本が初版の数冊しか隆祥館書店には入って来なかった。お客からのリクエストは相変わらず引きも切らない。「えーっ、このお店、動物占い無いのですか?」注文しても常に品切れ状態という回答で、その間に他の大手書店で買われてしまうという状態が続いた。知子は業を煮やして、電話をかけまくり、取次であるトーハンの営業を通じて東京の担当にまでたどり着いた。

「紀伊国屋さんやジュンク堂さんには大きなスペースに平積みになっているのにどうしてうちには回って来ないんでしょうか?」

「トータルの月商ですよ。それが少ないとお宅には卸せないんですよ」

「100坪と13坪では月商が違うのは当然じゃないですか。確かにうちは小さな店ですけど、坪数の割合で言えば、大阪で一番の売上高なんですよ。お客様からの注文も入っているんです」

何度かの押し問答の末、「ランク配本なので無理です」と言われた。

ランク配本。この時、知子は初めて、店の坪数によって取次と出版社が協議して機械的に配本数が決められていくというこの制度を知った。

努力を続けて、それなりに実績があるのに、ただ坪数が小さいというだけで卸してもらえない。これでは最初から大きなハンディを背負わされて勝負にならないではないか。シンクロという同じルールの中で公正に競ってきた知子にすれば、フェアではない制度だ。「ランク配本ですから」と言われ、あまりの悔しさに電話口で泣き出してしまった。

「何を泣いとるんや。闘わんか！」善明が横で一喝した。

しかし、どうやって、闘うのか？ もう制度が決まってるんやろ。「おかしいと思ったんなら声をあげんか。座しておっても何も変わらんぞ」

井村の言葉を思い出した。練習メニューがきつくて泣いている選手に言っていた。泣いて上手くなるんやったら、私がなんぼでも代わりに泣いたる。

確かに悔しくて泣いていても前には進まない。どうすれば、お客が欲しい本を手に入れることができるのか。手さぐりで動き出した。

数日後、知子は所属しているトーハンの青年部の勉強会に出かけた。出版業界紙『新文化』の丸島基和が講演に来ていた。本の流通の仕組みについて一通り、話した後で、最後に気になることを言った。

「売れている本がなかなか末端まで行き届かず、悔しい思いをしている書店員の皆さんもおられると思います。しかし、大手の出版社さん、小学館の中でもこれではいけない、大きい書店も小さい書店も公正に扱って本がいき渡るように改革をしよう、そう考えている人もおられるのです。そのことはお伝えしておきたい」

藁をも掴む思いだった。講演が終わると同時に知子は演台に駆け寄っていた。「すみません。

最後に言われたその改革を進めようとしている人の名前を教えて下さい」。

知子は丸島に、動物占いが入って来ない件を伝えた。うちは隆祥館書店という小さな家族経営の店だけれど、懸命に仕事をしている。顧客もついているし、買いに来るお客様の期待にも応えたい。丸島はしっかりと話を聞くと、ある人物の名前を教えてくれた。小学館の販売次長の黒木重昭といった。知子は店に戻ると、思案した。その小学館の黒木さんという販売の人に連絡を取って良いものかどうか。当時の知子は版元の人間に知り合いもおらず、間に入っている取次を通さずにアプローチすることも経験が無く、臆する気持ちがあった。果たして自分のような13坪の小さな書店の人間が、連絡をしても相手にしてくれるものだろうか。ためらい続けて数日経った頃、一通の手紙が店に届いた。差出人の欄を見て目が釘付けになった。小学館黒木とあったのだ。丸島は知子の話を聞くと、その窮状を黒木に直接伝えてくれていた。黒木は一面識も無いにも関わらず、隆祥館書店の住所を自ら調べて手紙をしたためてくれた。

文章は謝罪から始まっていた。「弊社の本を求めている書店さんがいるにも関わらず、そこに商品が届かないというのは大変に申し訳ない」ついては力になりたいので、御社のことをいろいろと知らせて欲しい。売り場面積、各ジャンルの棚の占有率と売り上げ、月商……これらを書いて送って下さいと結ばれていた。会ったことも無い版元の人が、うちのような本屋のことを考えてくれている。嬉しかった。丸島に声をかけて良かった。動かないと何も変わらないのだ。

実は黒木もこの時期、熱心な小さな書店には本を届かせないと出版の将来は先細ってしまうという危機感を持っていた。同じ思いを共有する有志たち、文春の浅井淳、集英社の小島俊一、筑摩の菊池明郎たちと会社の枠を超えて、「20世紀の出版を考える会」という勉強会グループを立ち上げていた。そこでもまたランク配本を何とか改善しないといけないと考えていたのである。黒木は振り返る。

「販元の指定配本をすれば地方の書店さんにも届けられるんで、それを利用しました」

指定配本とは、あの本屋は実績や信用があるから、ということで出版社が取次店にピンポイントで書店を文字通り指定して、その希望冊数に応じて配本を依頼することである。

「がんばっている書店さんには、しっかりと実績を重視してあげたい。僕らは90年ごろからコンピューター管理でどこに在庫があってどこが売っているかを一目瞭然にするために出版業界VANを作ろうと動いていたんです」VAN(Value Added Network)とは、電話回線を使ったコンピューターの情報の蓄積機能サービスのことで、付加価値通信網と訳されていた。黒木はどこの書店が何をどれだけ売ってくれているのか、どんぶり勘定ではなく、緻密にデータを取るために出版業界にこのVANを導入させようと考えていた。

「そこにあの二村さんのことを聞いたので、手紙を出しました。調べたら小さいけれど十分販売実績のあるお店じゃないですか。取次に頼るだけではランク付けされて本当に欲しいお店に届かない。自分にはあの時代に流通の雑な仕組みをもう少し改革できていたらという悔恨も有るのですが……」

確かに改革ができていれば、これほどまでに書店が廃業に追い込まれてはいなかったであろう。

知子は善明に手紙を見せた。

「お父さん、話した黒木さんいう人から、こんなんもらった」善明もまた驚いた。闘えとは言うたが、こんなやり方があるとは。知子と善明は、黒木の求めている店のデータを調べ上げて提出した。動物占いのみならず、小学館のコミックも補充が利かず、『名探偵コナン』はいつも品切れ状態だったので、この件も伝えた。75冊は毎回売り切るのに、今回は25冊しか入って来ない。黒木は独自にトーハンからも隆祥館書店のデータを取り寄せて、配本に協力した。最後はトーハンの金田社長にまでかけあってくれたのである。ひとつの風穴が空いた。

作家と読者の集い

動物占いの翌年2000年には、日本への量販店進出を狙う米国からの圧力により、地場の小売店を守る大店法が廃止され、代わりに大店立地法が制定された。これによって大型資本店や大規模ショッピングモールの出店が続き、町の小売業者は壊滅的な打撃を受ける。シャッター商店街が全国各地で生まれた。再び町の書店の廃業は加速した。知子は来客者の顔と嗜好を覚える努力と、回って来ない本に関しては版元への直談判を続けて、売り上げ低下に歯止めをかけていたが、脅威は続く。

2009年11月には、アマゾンが電子書籍端末「キンドル」の日本での販売を開始した。

「うちみたいなちっさい本屋はこれからいったいどうなってしまうんやろうか。電子書籍というのが来たらもうこれ以上は太刀打ちできないんやないやろか……」

大阪でも多くの同業者が店をたたんでいくのを見て不安がとめどなく出てきた。「何か、生き残るためにできることをしないといけない」

何をすれば良いのか、悩んでいるとき、百田《ひゃくた》尚樹の『永遠の0』を読んだというお客が店でこんなことを言った。「この作者の人、戦後生まれなんやろ？　57歳かそこらやのに、まるで戦争に行ってきたかのように書いてはるけど、どないして調べたんか、いっぺん会って聞いてみたいなあ」

作家に作品について聞いてみたいという声がある。知子の中で閃きがあった。作家さんとお客さんを直接つなぐことができたら、どうやろうか。善明も常々「本屋の役割は書いたはる人と読むひとの架け橋になるこっちゃ」と言っていたではないか。もちろん、それは本を媒介にしてという意味だが、その本を前にして有意義な交流ができたら、「お客さんはもっと作品の理解が深まるやろうし、作家さんは感想が訊けて次回作の参考になるんやないろか」

もうひとつ思い浮かんだのは、知子が学生時代から好きだった松任谷由実の言葉だった。ミリオンセラーを連発していた頃から、近い将来にCDが売れなくなる時代になることを予見していたユーミンは、ライブ活動に力を入れて行っていた。

「音楽産業を取り巻く環境の変化でCDのセールスが伸びなくなるのは目に見えている。でもライブは別。ファンは私の音楽を体験をすること、体験を共有することは望んでいる。エンターテイメントは不滅だから」

松任谷由実がシンクロナイズドスイミングとコラボをしたエンターテイメントYUMING　SPECTACLE　SHANGRILAを井村コーチの縁で観ていた知子はその言わんとするところが、よく理解できた。CDはインターネットの登場によって書籍以上に売れなくなっていたが、ゴージャスで尚且つ洗練された松任谷由実の実験的なライブは支持され、チケットは毎回完売を記録していた。ライブはその時間にその場所に行った者だけが、アーティストを体験できる稀有なものであるからこそ、固有の価値がある。電子書籍を自宅でダウンロードして読むことはできても作家との出遭いはできない。それを町の書店が提供できたらどうだろうか。ここにリアル書店の存在意義があるのではないか。

経験も無かったが、このお客さんの願いをまずかなえるところから、始めてみようと思った。実は百田尚樹については、以前、社会運動団体の「新婦人の会」が講演を主催していて、頼まれて善明と共にそこに著作を売りに行っていたことがあった。

その講演で、百田はいかに戦争が悲惨で繰り返してはならないものであるかを語っていた。店が毎年8月に行う反戦フェアにも『永遠の0』は加えていた。やろうと決めると知子の行動は速い。新婦人の会の知人に連絡先を聞くと、小さな書店だがぜひ初めてのイベントに来て頂きたいと手紙を書いた。3カ月ほど、音沙汰が無かった。「もうあかんのかな」と思っていたら電話がかかってきて、「やりますよ」との返事をもらった。

こうして、2011年10月10日、「作家と読者の集い」の第一回「百田尚樹さんを囲む会」の開催が決まった。10月3日の朝日新聞夕刊はこの告知をしてくれた。知子は「お客様を知る力は日本一！の書店員」として紹介され、百田の「小さな店で読者に本を届けたいと、こんなにも努力してもらっていることがうれしかった」というコメントが掲載された。

会は大盛況で、イベントスペースが人で埋まった。トークも盛り上がり、店にとっての初めての試みは成功した。知子が娘の真弓のアイデアでアンケートを取ったら、「ぜひこういう会は定例化して欲しい」という声が多く集まった。下駄履きで行ける町の本屋で作家の肉声が聞けるというのは、画期的なことであった。

翌年の2012年1月21日には、早くも第二回として新刊「トライアウト」を出版したばかりの作家、藤岡陽子を招いてのトークイベントを開催する。これもまた好評を博した。第三回は地域密着を念頭に置いて、地元大阪のノンフィクション『さいごの色街　飛田』（筑摩書房）を著した井上理津子を招いて、「井上理津子さんを囲む会」が同年3月23日に行われた。以降、この「作家と読者の集い」は大きな名物企画として支持を受けて2018年には200回を突破し、現在も続いている。

単なる客寄せのプロモーションイベントにしないことを心掛けた。知子が薦められると思ったものはどんなに無名の作家のものでも根気良く紹介したし、逆にリクエストがあれば、例の如く面識が無くても直接手紙を書いて実現させた。反面、ベストセラーと呼ばれている本でも推薦できない、お客に合わないと思ったものは、見送った。

企画が決まると徹底的に読み込む。本番に臨むまでに本には付箋がびっしりと貼られ、気になるテキストには赤線がこれでもかと引かれる。通りいっぺんの質疑応答ではなく、納得するまで入念な準備をこなす。筆者もまた『オシム　終わりなき闘い』（小学館文庫）で参加したときに、知子が若い学究でさえ匙を投げる複雑なボスニア情勢について再読を繰り返し、「まだ自分のものになっていないのでもう少し調べます」というメールを頻繁に送って来たことに驚かされた。

隆祥館書店でのイベントはひとつのブランドになり、今では、ギャラも交通費も不要なのでトークイベントをやらせて欲しい、という作家やジャーナリストからの逆のオファーが舞い込むようになっている。支えているのは、参加する常連客の存在も大きい。

知子はイベントに出た作家のその後もフォローしていった。第1回に登場した百田が2012年に上梓した『海賊と呼ばれた男』（講談社文庫）のプルーフを読み込むと、これは売れると判断。先行投資のように講談社の販売に電話をかけて、上下巻50冊ずつ送って欲しいと談判した。前例の無いことだから、と一度は断られたが、粘って実現させると、売りまくり、50冊どころか、最後は実に、上下巻800冊を売り切って半信半疑の版元を驚嘆させた。ベストセラーとなった同書は2013年度の本屋大賞も受賞した。

しかし、その後、百田が歴史修正の発言を連発し出したのを見て善明は怒った。慰安婦や南京虐殺の事実を否定することを鑑みて、知子に「何だ、あの発言は！　歴史に向き合わんとあかんやろう。もうあんな作家の本は売るな」と申し渡した。慰安婦問題について安倍首相は、2007年の日米会談で「強制があった」と謝罪し、これをブッシュ大統領も受け入れた。河野談話は継承され、2015年の日韓合意でも安倍首相は慰安婦に対して「心からおわびと反省の気持ちを表明する」としている（外務省ホームページより）。ところが、国内においては対照的に右派支持者向けの活動が活発になり、それは書店を取り巻く状況にも波及して

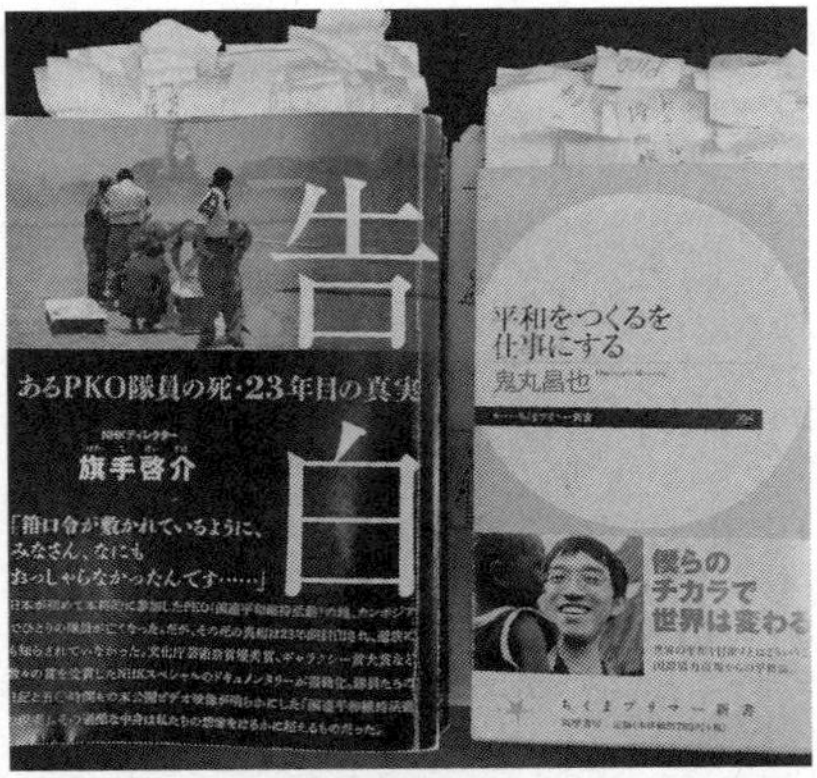

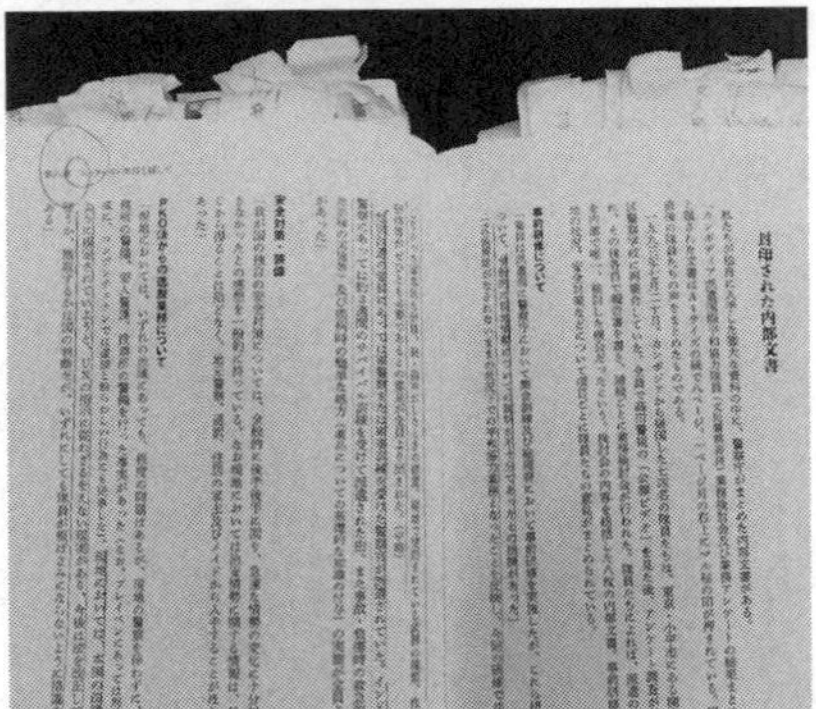

知子は出版社から送られてたプルーフ（見本）や書籍を、読み込んだ上で客に薦めることを自らに課している

きていた。

知子は「あの発言は私も確かにあかんと思う。でも書かれている本は別ものやと思う」と返した。しかし、その後も百田が「沖縄の新聞二紙は、もう潰した方が良い」「韓国という国はクズ中のクズです！　もちろん国民も！」などとツイッターで発言したことを読むにつけ、果たして本当に本を薦めて良かったのかどうか、考え込むことが多くなった。

「百田さんは、あんなことを言う人やなかったのにどうされてしまったんやろう」

百田がベストセラー作家としてその地位を確立していくにつれ、周囲からは「パイプがあるんやから、今こそ呼んだらええのに。たくさんお客さん来はるのに」と薦める声はあった。しかし、その名前が上がることはなくなっていった。

ママと赤ちゃんの集い場、そして絵本の無料選書

善明は知子の娘、真弓をことさら可愛がっていた。真弓が長じて高津高校に進んで自分の後輩になり、さらには教師という職を選んで、新卒ながら大正区の指導困難校で体当たりで生徒と向き合うようになると、それがまた誇らしく、3万円しかない月の小遣いの中から、定期の教育専門誌を毎月取り寄せては与えていた。「労働いうもんは、汗水たらして、人のためにするもんや」が口癖の善明の血を引いて、真弓もまた複雑な家庭環境の子どもたちの将来について真剣に寄り添っていた。独自に工夫を凝らし、授業中に誰も座っていないような荒れた教室に分け入っては、着席を促し、英語の教師としてクイーンの楽曲を聞かせて「不定詞とは何か」を教えた。サンバディ・トゥ・ラブ、ボーン・トゥ・ラブ・ユー、バイセク

ルの3曲は、ちょうど3つの不定詞を教えるのに最適であることを発見していたのだ。学校の内でも外でも分け隔てなく熱心に粘り強く自分たちに情熱を注ぎ込んでくれる真弓に、やんちゃな生徒たちは心を開いて慕って来た。

真弓が結婚し、店が65周年を迎えたとき、彼女に子どもが産まれた。ひ孫の誕生に、善明は誰よりも早く病院に自転車で駆けつけた。新しい生命の誕生に喜びを隠そうとしなかった。知子もまた育児に追われる娘のために真弓の家に泊まり込んで店に通った。やがて首が座った乳飲み子を連れて外出をするると、ランチの際に「赤ちゃんはお断りです」と言う店があまりに多いことに気づかされた。他のお客さんに気を遣ってか、門前払いが3回ほど続いた。知子が真弓を産んだころ、そんな風に言われたことは1回もなかったので驚きは小さくなかった。

テレビからも保育園を建てることに地域住民が反対しているというニュースが流れて来た。反対派の人たちは子どもの声を騒音と言っている。

「それを聞いて、とても驚いたんです。人間って、赤ちゃんで産まれて、みんな周りに迷惑をかけて大きくなっていくのに、そんなときのことを忘れるのは、おかしいんと違うかなと思って。それで、お店に来る赤ちゃん連れの人にいろいろ話をしてみると、みんな、そういう経験をしてるという答えが返ってきたんです。お店や地下鉄に乗ってこんな扱いを受けたとか。そうしたら、何かムラムラッと怒りがわいてきて、赤ちゃんとママが安心して来られるところを地域につくりたいと思ったんです。まあタイトルはこうだけど、もちろんパパが来てくれてもええんですよ」

知子が始めたのは「絵本と遊びで心を育むママと赤ちゃんのための集い場」という親子で

参加するイベントだった。会はまずそれぞれの月齢に応じて、おっぱいを飲んでくれない、離乳食を食べてくれない、そういった子育ての過程の悩みを順番に語り合う。成功例のある人が「そんなときは、こんなんしたらうまくできたよ」とアドバイスを送る。参加者が出遭い、助け合うこの試みは大きなニーズがあり、地域の人々から大歓迎された。

九州が実家という若い母親は、最初は緊張していたが、慣れると「頼れる人がいないから、こういうところがあって良かったです」と不安の解消を打ち明け、赤ちゃんが2歳ぐらいになるまで約2年間、毎月通って来てくれた。

イベントとしては、節分やクリスマスなど、季節に合わせて鬼の帽子やクリスマスツリーなどを作ったり、赤ちゃんの足形を押して成長の記録を残したりしている。そしてメインは

隆祥館書店の店頭に貼られた「ママと赤ちゃんのための集い場ポスター

本屋の真骨頂として絵本の読み聞かせである。親子の愛着を考えるときに、いっしょに絵本を読むことがいかに重要か。ここでは、臨床心理士の資格を持つ真弓がきめ細かく、本を選んだ。「こういうケースのときには、この絵本が良いですよ」

真弓は出産後、幼稚園、小学校、特別支援学校のスクールカウンセラーの道に進んだ。そこでも様々な親の悩みを聞くにつけ、「そういうことやったら、解決に向けてこんないい本がありますよ」と気が付くと自然に本を紹介していた。中学で指導を重ねてきた豊富な現場経験と、数多くの絵本を読み込んで来た圧倒的な読書量、そしてアカデミシャンとして心理学を収めた専門性。真弓はこれらを活かして、店で絵本の無料選書を行うに至った。タイトルは「絵本を親子の処方箋に」。子育ての悩みのある方に、独自に設問を記したアンケートを送り、回答を書いてもらい、それに合わせて5000円の予算の中で絵本を選ぶのである。

受け取るのは絵本の価格のみである。人の悩みは千差万別であり、画一化してはならない。固有の状況を聞いて、何が問題なのかをあぶり出し、数ある多様な絵本の中から処方する。これはインターネットでも受け付けているので、地域のみならず、広く全国に向けて発信できる、本を使った社会貢献として立ち上げた。真弓もまたカウンセラーとして本の力を強く信じている。

介護

先頭に立って店の切り盛りをしていた尚子は、75歳まで元気に働いていたが、この年、脳梗塞で倒れてしまった。以降、血流性の認知症が少しずつ進んでいく。あれだけテキパキと商売も家事も仕切っていた尚子が、衰えていくのを見るのは辛かった。それでも知子は「お母さん、ええやん。今までが出来過ぎたんや、これでやっと凡人や」と慰めては介護に勤しんだ。尚子は、デイケアーの日には、「私をボケ扱いすな」と憤っていたが、やがて素直に車に乗り込むようになった。8時半に開店して、深夜まで店の営業を続ける日常の中での介護は、たいへんな重労働であった。夜半にはトイレに連れて行き、間に合わないときは、シモの世話もするので知子は慢性の睡眠不足になった。それでも休めないのが、町の小売業のきついところである。唇にはヘルペスが出来ていた。

ある晩、夕食にちらし寿司を作ろうとしていた。シイタケを甘辛く煮て、高野豆腐、茹でたインゲン、卵焼きを準備して、炊飯器のスイッチを入れ、店に戻った。炊きあがった頃を見計らって台所に戻った。あとは酢飯にして盛り付けるだけである。皿を見て驚愕した。空っぽなのである。ぎょっとして釜を開けると、その中にすべての具材が放り込まれてぐちゃぐちゃになっていた。「お母さん、何これ、どうしたん?」「手伝ってあげたんやないの」知子ちゃん」かつて台所でテキパキと大量の食材を裁いて料理していた母の面影は消えていた。「ああ、人はこうやって記憶が壊れていくんかなあ……」愛しい母の衰えを毎日目の前に突きつけられるのは、ショックだった。

店と介護のために睡眠不足でフラフラになり、この頃から知子には不整脈が出だした。週に一回、買出しに行くときに車の中で聞くアース・ウィンド&ファイアーの「セプテンバー」が唯一の気分転換だった。シンクロの現役時代からソウルフルな曲が好きだったが、モーリス・ホワイトの声に躍動感を覚えると、まだ頑張れると思えた。ある月末、女性のお客さんが家庭画報を買いに来た。すでに発売期間が過ぎかけて、返品間際の雑誌だった。「あの、この雑誌は明日、新号が出るんですよ。それをお待ちになりませんか」女性客は少し困った顔をして言った。「いえ、これでいいんです」初めてのお客さんだった。「今月は母の介護で家から一歩も出られなかったんです。そやから、今日が最初の外出で買いに来たんです」

知子はそれを聞いて他人ごととは思えずにお客を抱きしめながら、一緒に泣いてしまった。

一方、善明は店に出続けていた。お客が来ると「今は家内が大変なんですわ。逆になかなか僕はかまってもらえんのですが、これでええんですよ」と笑っていた。

しかし、善明もまたすでに病魔に蝕まれていた。「作家と読者の集い」の本番中に救急車のサイレンが近づいて来たので、知子が不審に思っていたら、善明が苦しくなって自分で119番を呼んでいた。気丈に振る舞っていたが、下血が始まっていたのである。

あれだけ、朝から晩まで店に立ち続けていた善明が、「日曜日に出るのがしんどい」と言い出した。それでも母尚子に比べれば、お父さんは元気やという確信めいたものがあった。

2015年が明けると発熱が続き、食べものが喉を通らなくなった。流動食を摂った後に階段でふらつき、倒れたために知子が救急車を呼んだ。誤嚥性肺炎との診断を受けて入院した。気管支を病んで声が出なくなった。善明は弱々しくも右腕でペンを持った。そして折り込みチラシの裏に書き込んだ。

「このままではまだ死ねない。本屋についてまだやり残したことがある。父からのお願いを伝えたい。長生きさせて下さい」

知子、佳子に次いで生まれた長男の直伸は医師であった。知子はこの文面を直伸に写メールで送った。直伸は読み込むと、全力で献身を捧げた。勤務している病院に出勤する前と出勤後に、必ず善明を見舞って様子を見た。病状が落ち着いたら、自分の病院に転院をさせようと決意していた。自らが看取りたいという思いがあったのだが、しかし、搬送できる容態には最後まで回復しなかった。

善明は生涯現役書店員で1月まで店に出ていた。そして2月9日に永眠した。

その反響は、家族の予想を遥かに超えるものだった。

「父はここまでいろんな人に慕われていたのか」

店に来たお客が一様に聞くのだ。

「あれ、今日はおっちゃんは?」

亡くなったことを告げると、その場で大の大人たちが号泣した。

「昨日までそこの椅子に座ってたやないの」

「僕のいつも買ってる本が他の店に無くてもおっちゃんがいつも取っておいてくれはったんや」

「何でや……、もっとおっちゃんと話をしたかったのに……」

それまで会話を交わしたことも無いような人たちまでが、嘆いてくれた。同日入帳問題で共に闘った同志の秋末は、訃報を知ると泣き崩れ、組合がその死を広く告知してくれなかったことで激怒、脱退を宣言してしまった。

13坪の書店の主は、誰もが驚くほどに地域の人に愛されていた。知子は父が亡くなった6日後の2月15日に隆祥館書店ニュースの号外を店に出した。「故二村善明からのメッセージ」をトップに掲載したものである。それはいわば、愛顧をしてくれたお客に対する善明からの遺言であった。

「従来から書店は地域の文化の発信地の役割を果たすべきだと言われてきました。子供たちに読書を広め、その読書力に貢献し、遠くまでゆくことの出来ないお年寄りの読書の力添え、作家と読者への橋渡し、そしてその心の交流、出版をただ売れればいいという商業主義の餌食にすることなく、出版を文化として作家を支え、読者が出版を育てるこの仲介者が書店と考えております。手に取る『本』、出版物を未来あるモノにしたいというのが私たちの望みです」

初盆を間近に控えた8月7日。産経新聞がこの善明の逝去を「街の書店　主の遺志に共感」という大見出しとともに掲載してくれた。その死がひとつの社会現象として捉えられたのである。

執筆した中井美樹記者の筆は、消費者が本はネット販売、雑誌はコンビニの利用へと流れていく中で、善明が地域の書店の役割を考えて、帰宅するサラリーマンのために深夜まで店を開けていたこと、新型インフルエンザが流行って大阪市内の全小中学校が休校になった際には絵本一冊から届けていたこと、を伝えていた。善明の言葉「本を商業主義の餌食にすることなく……」はオマージュとして転載された。

読み返すとその横には「『出版不況』書店減少続く」という深刻な記事が並んでいる。当時(2015年)は1日に1軒以上の書店が廃業に追いやられているという現状。そして日書連の石井和之事務局長の「もはや(本屋は)もうからない仕事とされ、後継者不足も課題。地域のためにと高齢の店主が年金をつぎ込みながら書店を続けている店もある」というコメントが載っている。客注品が届かないので、アマゾンで購入して渡している店さえある。

書店の冬の時代は明けるどころか、ますます厳しくなっていった。善明の言葉の影響は新聞に留まらず、その後、星湖舎《せいこしゃ》の冊子、「星と泉」にも掲載され、大竹まことのラジオ番組、ゴールデンヒストリーでも紹介された。

遺志の継承

善明の没後、姉の大変さを見かねて佳子が、尚子を住んでいる奈良の家に引き取ることを申し出てくれた。

店をどうするか。後継者問題に直面した。佳子も直伸も知子を気遣った。「お姉ちゃん、しんどいんやろ」「しんどかったら、もう辞めてもええやんか」店を潰して跡地をコンビニに貸して家賃収入を3等分した方が、賢明ではないかという意見も出た。「本屋で私ら、大きくしてもらったんやないの。それを辞めるのはでけへん」今、辞めたら少なくとも困るお客さんが出て来る。「言うても赤字やんか」

直伸も姉に辛い思いまでさせて継いでもらうことはないという考えだった。「お姉ちゃん、ほんなら3カ月だけ待ってあげるわ、そこで黒字にならへんようやったら、もうお店を続けるのは無しやで」

知子は自問した。私は本当に本屋を継ぎたいのだろうか。三日三晩、眠れず、考え抜いた。結論は「やりたい。本屋こそが私の生きがいやないか。例え収入が今の10倍になったとしても他の仕事をすることは考えられない」

そのためには妹と弟を説得させなければならない。「それには結果や。結果を出さなあかん」恩師の井村の言葉が蘇った。「結果こそが、すべての説得力になる」

以降の3カ月は、「作家と読者の集い」を毎週末に組み込んだ。本を読み込める時間は、店を閉めて自宅に戻る深夜1時からしか捻出できないが、それでもやるしかない。定休日は無いので、身体を休める時間は皆無だった。書籍の選定、イベントの企画、作家への出演依頼、著作の読書、そして最も大変で重要な告知と集客の電話かけ。さらにイベントが終われば、その報告文の掲載。これらを日常の書店業務の傍らでこなすには睡眠時間を削るしかなかった。けれど、3カ月で黒字を出さなければ終わってしまう。店を無くしてはいけないという情熱が、仕事への集中力へと昇華していった。常連客もまた危機感に気づき、集ってきてくれた。店頭で直伸に会った近所の女性客が、「お願いします。この店、辞めさせんといて下さい」という懇願する一幕もあり、直伸も苦笑するしかなかった。知子は没頭し、気がつくと、3カ月で店の収支は黒字に転換していった。

知子が店を継承することが晴れて決まった。そこでの努力は、誰もが認めるものだった。実際、知子が事前に新刊を読み込んで、これを売りたいと決意したときにもたらす情熱と結果は、常軌を逸していた。2015年12月に刊行された坂本敏夫の『典獄《てんごく》と934人のメロス』(講談社)は元刑務官である坂本が、明治以降の刑務所の歴史を徹底的に調べ上げ、隠されていた事実をベースにしたノンフィクションノベルであるが、プルーフで読み込んだ知子は、これはお客さんに薦めるべき作品だと判断すると、即座に版元に発注、そして販売に注力した。

坂本は27年に及ぶ刑務官人生の中で、永山則夫をはじめとする死刑囚を何人も担当し、多くの懲役とも接して来た。その結果、刑罰の目的は応報ではなく、教育による更生にあると確信する。退官後は自ら「NPO法人こうせい舎」を立ち上げて、罪を犯した人々の社会復帰を助けている。日々の活動として、人生再建のための情報紙と銘打った「こうせい通信新聞」を発刊し、受刑者専用求人の案内などを刑務所内に送付し続けている。

そんな坂本が書いた『典獄と934人のメロス』は緻密な取材に基づいた史実の掘り起こしであり、人間の「信」に光を当てるものであった。関東大震災が1923(大正12)年に起きて、横浜刑務所の囚人たち934人が、監獄法によって24時間の限定で釈放される。解放後、囚人たちは、脱走して強盗、殺人の限りを尽くしたという流言もあるが、実態は違っていた。誰ひとりとして約束を破る者はおらず、全員が戻って来た事実があるのだ。原因は典獄(現在の刑務所長)椎名通蔵の血の通った人権教育にあった。人は信じられる。メロスになれるのだ。かつて極度の人間不信に陥った知子が、この本を薦めた。そこには自分自身も大きな相克を乗り越えようとする思いがあった。

知子の薦めなら、という信頼関係がすでに多くの顧客とできていたこともあり、初版6000部のこの小説を実に、ひとりで500冊売り切った。

坂本は、知子を隆祥館書店にはじめて訪ねたときのことを、こう回顧する。

「会って挨拶するときにいきなり『こんな本を書いて下さってありがとうございます』と言われたんです。こちらこそ、売ってもらっているのに。私は『典獄』を書くためにほぼ20年資料集めに奔走しました。大阪、神戸、長野、甲府、各刑務所施設の文書倉庫に全部行きました。それを二村さんは見抜かれたんですね」

多くのノンフィクション作品に触れていた知子は取材ものに関する目利きでもあった。『典獄』は13坪の隆祥館書店だけで初版の約10分の1を売り切った。それでも膨大な宣伝費が投じられていたわけでもなく、全体的には重版という結果には結びつかなかった。しかし谷町六丁目界隈では読んだお客のほぼ全員が知子にも「ありがとう」と礼を捧げた本となった。

世間の（ときに人為的に作られる）ベストセラーとは別の文脈で良書を多売するという回路が隆祥館書店には成立していた。

善明という大黒柱が逝去し、本屋を辞めるかどうかという瀬戸際まで悩んだ２０１５年は暮れ、ほぼ１年が経過した２０１６年11月。尚子も逝った。尚子はどんなに店が多忙なときでも深い愛情を持って子どもたちに接して来た。知子がシンクロを続けたいと言ったときは、集中できる学校に転校させて環境を整え、佳子が心臓を悪くしたときは、空気の良い枚方に家族で引っ越して完治するまでそこから2年間、店に通った。直伸がまだ小学2年生のときに自身に胃がんが見つかると、自分が何かあったときにこの子を助けるのは学問やと、進学塾に通わせた。３人のこどもたちは、それぞれアスリートとして、教育者として、医師として、ひとかどの仕事を成し遂げて来た。家族経営の店は３６５日終わりの無い忙しさゆえに、ときに小さな子どもたちに我慢を強いられるときもあるが、尚子は両立させた。

佳子は言った。

「父と母が守って私らを育ててくれたお店です。姉がもう納得するまでとことんやってくれたら、そう思っています」

書店のジレンマ

隆祥館書店のある谷町六丁目から、日本人形の店、お菓子問屋で知られる松屋町は、地下鉄長堀鶴見緑地線でひと駅、徒歩圏内である。いわばホームと言えるこの松屋町には、サントリーの会長佐治《さじ》敬三の生家があったことから、地域密着を考える知子はサントリーに関連する本が出た際は、ぜひご当地本としてクローズアップして店で販売しようと決めていた。2015年におあつらえ向きのノンフィクションが出ることが分かった。北康利の著した『佐治敬三と開高健《かいこうたけし》　最強のふたり』が、6月24日に刊行されるという案内が講談社から来たのである。

すぐにプルーフを取り寄せて読んでみた。一読して、これは売れる、うちのお客さんにぴったりや、と確信した。幼少期に養子縁組に出されて苗字も変わり苦労した佐治と、同じく大阪出身で母子家庭で育った開高。二人はまだサントリーが寿屋と呼ばれていた時代、社長と平社員のコピーライターとして出遭い、存在を認め合っていく。佐治は経営者としてキリン、サッポロ、アサヒが君臨するビール市場に挑み、開高は在職中に芥川賞を受賞し、作家としてベトナムの戦場に身を投じていく。全編を通じて流れていたのは、互いに似た境遇から、その脆弱な神経の持ち主だったふたりが、会社組織の枠を超えてリスペクトし合う友情の美しさだった。大阪のしかも中央区という地元が舞台、商売上の挑戦の話で、人間賛歌のノンフィクションでもあることから、隆祥館書店の常連のニーズに合致した。

全国の書店に並んでからでは遅い。知子は発売前から、顧客に積極的に薦めて予約注文を募った。お客もまた読む前から、知子の慧眼を信じた。「あんたがそないええと言う本なら、間違いないやろ。頼んどくわ」と応じた。6月24日の発売日を迎えて商品が届くと、さらに店頭でも力を入れて紹介し、販売した。6月30日、講談社から弾んだ声で電話が入った。「二村さん、ありがとうございます！『最強のふたり』、隆祥館書店さんが、八重洲のブックセンターを抑えて売り上げ初速が全国1位ですよ！」。たった13坪の書店が、1000坪を越える並み居る大型書店を抑えて日本でトップを記録したのである。『最強のふたり』販売数の2位と3位は全国チェーンで度々入れ替わっても1位はずっと堅持していた。

7月になると知子にラジオ出演のオファーが舞い込んだ。朝日放送の生ワイド「おはようパーソナリティ道上《どうじょう》洋三です」、通称「おはパソ」で知られた人気番組である。すでにカリスマ書店員として知られていた知子に、夏休みに読むべき本を語って欲しいという依頼だった。知子はここでも中高生用に『宇宙を目指して海を渡る』(小野雅裕・東洋経済新報社)を推すと同時に、一般男性向けに『最強のふたり』を取り上げようと決めた。放送に備え、前夜から本の説明を口頭でするために何度も練習を重ねた。当日は台風が来ていたが、7時半からの生放送なので、早朝に家を出た。緊張するスタジオでの本番。「私がお薦めする本はこの北康利さんが書かれた『最強のふたり』です。この本は……」トークの中でも緊張は収まらなかったが、それでも何とか落ち着いてしっかりと本の良さをアピールすることができた。「OK!」とディレクターからもサインが来た。「やった!」悪天候の中、店に戻ると、夕方、また講談社から電話がかかって来た。

「二村さん、ありがとうございます! 放送で薦めて頂いたおかげで、アマゾンでブレイクして、『最強のふたり』は重版が決定しました」。「それは良かったですね。私も話したかいがありました」。喜んだのも束の間。この日は台風だったため来客者はほとんどおらず、逆にアマゾンと駅ターミナル店の梅田紀伊国屋書店で「最強のふたり」が売れて、隆祥館書店は販売数1位の座をすべり落ちてしまった。

「えーっ、私は何のために昨日からがんばって、店も空けてやってきてん!」

確かにリスナーからすれば、最も手軽なのは、アマゾンでの注文である。地団太踏んで悔しがった。悩ましいのは、作家や版元と違って、書店員が本を薦めても読者が自分の店で買ってくれないと、利益にはならない。何とも言えない複雑な気持ちになった。

これには後日譚がある。

数カ月後、知子は神戸で全国商工団体連合会が主催したパネルディスカッション「いま、輝く地域密着の小企業・家族経営」のパネラーに招かれた。タイトルにあるように家族経営の他業種、町の総菜屋やクリーニング屋の店主たちと並んで登壇していた知子は「こんな悔しいことがありました」と自虐的にラジオでの一件を語った。すると、休憩時間になった途端、客席にいた中小企業の経営者たちが、いっせいに会場を出て行った。ドアを開けると受付横に設けられた隆祥館書店の販売ブースに突進し、置いていた『最強のふたり』を次々に購入。あっと言う間に完売してしまった。笑いのネタにでもなればという気持ちで話したつもりが、聞いてくれた人たちにはとても深く受け止められていたのだ。それだけでは無かった。このときに買えなかった来場者が、後日、わざわざ大阪まで『最強のふたり』を買いに来てくれたのである。それこそアマゾンで買えばクリックひとつで自宅まで届くのだが、「追いつめられている本屋さんの状況が分からんかったんです。二村さんが自分で発見して薦めてくれた本なんやから、ぜひここで買わせて下さい」と言ってくれた。

じわじわ嬉しさが沸き起こってきた。正直、何度も小さな書店はもうあかん、と投げやりになりかけたこともある。ベストセラーはほとんど回って来ない。必死に刊行前の良書を探し出して紹介しても美味しい所は結局アマゾンに取られてしまう。悲しいかな、この流れはもう変わらないだろう。それでも、これは薦めたいと思える本を探して行こう。例え自分の店で売れなくても読者が増えること。それもまた本屋の使命ではないか。いつかまた自分のところに良いことが回ってくるに違いない。

ランク配本と見計らい配本

2017年10月20日、『最強のふたり』は刊行2年後に同じ講談社から文庫になった。親本は刊行前から注文を取り続けて、販売実績は初速日本一、その後、アマゾンに抜かれたとは言え、全国屈指の売り上げ実績をあげた隆祥館書店である。この実績を踏まえて文庫は何冊回って来るのか。

何とトーハンからの配本はゼロだった。これこそランク配本の極みだった。

おりしも著者の北康利が大阪に来る用事があり、「拙著をたくさん売って下さったお礼も兼ねてあいさつに伺いたい」という申し出を受けていたばかりである。作家が来るのに、文庫が一冊も無い。知子は取次ぎに連絡したが、1週間はかかるという。その後、作家が担当編集にかけ合ってくれた。「本の売れない時代に取次はまだそんなことをやってるんですか」

編集は事態を知って憤りを隠さなかった。

「小さい店だから、配本しても売れないと思われるのは構わない。でもだからこそ、信頼を受けるようにがんばって販売してきた。それなのに、やはり私たちは結果を出しても取次にとっては取るに足らないどうでもいい存在だと思われているんだろうか」

どれだけ売ってもその功績は無視されて、配本数には反映されない。本の手配をしながら、さすがに落胆は禁じえなかった。

特別扱いなど要らないが、毎回、ゼロからのこんな扱いでは、永久的に町の書店は報われないではないか。このままでは配本の理不尽さもさることながら、モチベーションが維持できなくてますます廃業に追いやられてしまう。

小学館の黒木たちが、末端の書店を毛細血管に例えてそこにも血液を運ばなくてはならないと提起してから、20年近くが経過していた。ＩＴの進化によって顧客や在庫、販売実績のデータは蓄積されているであろう。それでも相変わらずランク配本についての改革は進んでいない。現在は、文庫の発注を前月に出る一覧表で事前にチェックして行っている。見逃さないようにするためになかなか緊張が解けない。知子は「せめて」と思うのだ。せめて、「実績配本にして欲しい」悔しくてたまらなかった。

売りたいと思う本が入手できない悔しさ。一方で、注文をしなくても大量に本が送られて来る辛さがあった。善明が「次はこれの問題をやらないとあかん」と言っていた見計らい配本のシステムである。

２０１９年１月12日の朝のことだった。知子は思わず「えっ！」と声を上げてしまった。取次から『月刊Ｈａｎａｄａセレクション』（飛鳥新社）のバックナンバーが、見計らいでいきなり配本されて来たのだ。奥付を見ると２０１７年12月24日発刊が３冊、２０１８年４月18日発刊が３冊、８月21日が４冊。つまり新刊ではなく２年前に発行されたものまで配本されてきたのである。

２０１７年12月発刊の表紙に出ているタイトルは「朝日の言論テロ、森友・加計《かけ》報道」。その記事は、安倍昭恵夫人が名誉会長を務める森友学園に国有地が異常に安く払い下げたことをスクープした朝日新聞の報道を「言論テロ」と断定して揶揄するものであった。近畿財務局の職員が、公文書の書き換えを命じられて自殺にまで追いやられた深刻な事件は徹底的に究明されるべき性格のものである。朝日バッシングは、花田紀凱《かずよし》編集長自らが毎日放送制作のドキュメンタリー「さまよう木霊《こだま》」の中で吐露しているが、ただビジネス目的だけで朝日新聞を叩くいつもの手法であった。

知子はこれの前月号（２０１７年11月発刊）を覚えている。「私を訴えた伊藤詩織さんへ」（山口敬之）という記事があったのだ。内容はジャーナリストの伊藤詩織さんに準強姦罪で訴えられながら、安倍政権中枢に近かったために警察庁・中村格《いたる》刑事部長の判断で逮捕直前に免れたＴＢＳ記者（当時）山口敬之が、具体的な反証を挙げずにレイプの被害者である本人を感情に任せて中傷しているだけのものであった。勇気を持って実名で告発した伊藤さんが、この記事に触れたらどれだけ傷つくか、想像すると胸がきりきりと痛んだ。もちろん、書店の責務としてどんな雑誌でも読みたいというお客がいれば注文をして取り寄せて売る。しかし、なぜ当店では販売実績の無いこの本のしかもバックナンバーがいきなり配本されてきたのか。「見計らい配本」とは、書店の注文していない本を「見本」の名義のもと勝手に見計らって送ってくるシステムである。かつて出版業界がビジネスとして好調だった頃は、書店はすべての新刊に目を通す時間も無く、自動的に入って来るこのシステムは評価を受けていた。しかし、一方的に送られてくる本の中には、その書店にフィットしない商品やこのようにすでに出て数年が経過した本も含まれたりする。どのような基準によって見計らい本が決められているのか、そこはブラックボックスである。

「本屋殺すに刃物はいらぬ。無用な見計らい配本を送り続けりゃあっという間だ」とは、東京の老舗独立系書店の店長の言葉である。ここでいわゆるヘイト本が注文もしない中で大量に送られてきてしまったら、お手上げである。書店側としては、配本されたら、入金が義務付けられている以上、それを棚に並べざるをえない。かつて、人文系をラインナップしていた書店の棚をヘイト本がなぜ席巻しているのか、その理由のひとつはここにもある。

隆祥館書店は、差別を扇動するヘイト本は置かないという方針を善明の頃から貫いている。かつて『新しい日本の歴史』(育鵬社)が見計らいで来たときに、善明は目を通した上で、「あかん、これは沖縄戦の記述に問題がある」とすぐに返品してしまった。善明が亡くなる直前まで、「次は見計らい配本の問題をやらんならん」と言っていたのは、そんな背景もあるのだ。

善明は「注文無しでの見計らい配本は即請求ではなく3カ月後に支払う」という要請をしていこうとしていた。

知子は、こんなふうに思っていた。「取次が書店に即請求する限りは、見計らい配本も事前に書店に中身を伝えてくれること、そこで書店側に配本を断る権利もあって良い。今はこのヘイト本は、明らかに事実誤認が多くて売りたくないので送って来ないで下さいと伝えても配本されてしまう現状がある。書店経営はただ右から左に売れば良いのではないはず。自分が売るものには責任を持ちたい」

それにしても今回の見計らいは看過できないと考えた。政治的な意図さえ感じられてしまう配本である。見計いで全国いっせいにひとつの思想の本が送られてしまったら、日本はどうなってしまうのだろうか……。

自分のフェイスブックに問題提起として投稿した。書店が注文をしていない、しかも販売実績の無い2年前のムック本がいきなり送られて来ることの理不尽さ。一方でお客様に本当に売りたい本がなかなか入って来ない悔しさ。

思いのたけを綴っただけだが、予想外の大きな反響を呼んだ。投稿を読んだ編集者たちから、原稿執筆の依頼が舞い込んで来たのだ。

「二村さん、ぜひあのフェイスブックに書かれていたことをテーマにうちに書いてもらえませんか。私たちも業界にいながら、何も知らなかったです」

紙媒体の週刊金曜日とＷｅｂメディアのビジネスインサイダージャパンの2社から、異口同音に言われた。雑誌の編集に携わっている者ですら、この流通の仕組みに初めて触れたという。そしてやはり看過できないと、考えたのである。メディアに関わる者として、当事者から、書いてもらって問題視したいという思いからオファーがなされた。

知子は考え込んだ。当然である。「これを知ったお客様が『そうか、そういうシステムで

2年前の月刊『Hanada』が送られてきたワケ

出版取次店「見計らい本」制度の見直しを

大阪にある老舗書店「隆祥館書店」の店主が、出版業界の古くからある「見計らい本」制度に対して声をあげた。なぜ売りたくない本が送られてくるのか!? この「慣習」にたいして疑問の声は大きい。

二村 知子

街の書店を経営していると、ときに理不尽なこともありますが、本好きゆえに大抵はしっかりと向き合って前向きに対応しています。でもこれにはさすがに驚きました。今年1月12日の朝のこと。思わず「えっ…」と声を上げてしまいました。取次店から月刊『Hanada』セレクションのバックナンバーが見計らいでいきなり配本されて来たのです。奥付を見ると2017年12月24日発刊が3冊、2018年4月18日発刊が3冊、8月21日発刊が4冊。

「見計らい本」とは出版流通業界の慣行なのですが、書籍の問屋にあたる取次店が書店の注文していない本を勝手に見計らって送ってくるシステムです。かつて出版業界がビジネスとして好調だった頃は、書店は自分で本を選ばなくてもよいので、このシステムを評価する人も多かったのです。しかし、一方的に送られてくる本の中には、私たち書店側としては売りたくない差別を煽動するヘイト本や、お客様から見てニーズのない5年も前に出た本などが含まれています。そういう本も送られてきたと同時に取次より請求され、入金をしないといけないのです。一方で売りたい本、ほしい本は発注してもランク配本という制度によって希望通りに送ってもらえません。これは店の規模の大きさによって自動的にランクが決められて、大型書店が優先されて小さな書店は、その売りたい作家の本の販売実績がどれだけあっても後回しにされてしまうのです。もちろん取次店の担当の中にはこの制度に抗うように、小さな書店の依頼に親身になって本の手配に奔走して下さる方がいらっしゃいます。

悪いのは制度なのです。ただ今回、渇望している本は配本してもらえないのに注文もしていない月刊『Hanada』セレクションが、それも2年前のものがいきなり送られて来たことに大きなショックを受けました。

過去、さすがに2年前のムックが送られてくるということはなかったように思います。実績をみてもうちはこの月刊『Hanada』はほとんど売っていないのです。それなのになぜ？ という思いはぬぐえませんでした。

一方的な配本制度

そして危険な匂いを感じました。うちでさえそうなのですから、他の書店さんにもこのように、政権をただ礼賛し、（花田紀凱編集長自らが吐露していますが）事実と異なるのに売れるからという理由だけで『朝日新聞』をファクトチェックもなしで叩く雑誌、その雑誌が一方的に配本されてくる。

去年から、本の出版のあり方について考えさせられることがしばしば起こっています。ＬＧＢＴの人たちを差別してネットで煽り雑誌を完売させる炎上商法、組織が大量に大手書店から購入して人為的にランキング1位を作るというやり方など。これらは本が売れなくなったことが要因だと思うのですが、長い目で見れば本自身の価値を貶めてしまうことになりかねない。こんなときは70年前に隆祥館を創設した亡き父の言葉がいつも蘇ります。「本は消費物ではない。毒にも薬にもなるんや。出版をただ売れればいいという商業主義の餌食にするな」と。

父は生前、「大型書店は返品すると返品翌日入帳でお金が返ってく

週刊金曜日　2019.2.8（1219号）

44

二村知子が寄稿した「出版取次店　見計い本制度の見直しを」の誌面（週刊金曜日2019年2月8日号）

小さな本屋には欲しい本が入って来ないのか。それなら無駄だから、もう行くのは止めよう』と考えて、来て下さらなくなるのではないかとためらう気持ちがあったのです」

しかし、黙っていては何も変わらない。これ以上、町の書店を廃業に追い込むようなことがあってはいけない。勇気を出して自分の名前で声をあげることにした。

以下週刊金曜日2019年2月8日発売号「出版取次店　見計い本制度の見直しを」より。


「ここで「見計らい配本」について説明させて下さい。出版流通業界の慣行なのですが、書籍の問屋にあたる取次店が書店の注文していない本を勝手に見計らって送ってくるシステムです。一方的に送られてくる本の中には、私たち隆祥館書店としては売りたくない差別を扇動するヘイト本やお客様から見てニーズの無い5年も前に出た本などが多く含まれています。そういう本も送られて来た以上は書店は、即請求され、入金をしないといけないのです。一方で本当に売りたい本、欲しい本は発注してもランク配本という制度によって送ってもらえないという現状があります。大型書店が優先されて小さな書店は、例えばその売りたい作家の本の販売実績がどれだけあっても後回しにされてしまうのです。もちろん取次の担当の方の中にはこの制度に抗うように小さな書店の依頼に親身になって本の手配に奔走して下さる社員の方がいらっしゃいます。悪いのは制度なのです」

「去年から、本の出版のあり方について考えさせられることがしばしば起こっています。LGBTの人たちを差別してネットで煽り雑誌を完売させる炎上商法、組織が大量に大手書店から購入して人為的にランキング1位を作るというやり方など。これらは本が売れなくなったことが要因だと思うのですが、長い目で見れば本自身の価値を貶めてしまうことになりかねないのです」

以下ビジネスインサイダージャパン2019年3月3日配信「なぜ書店にヘイト本があふれるのか」より。

「小売業の喜びは、直にお客様と接することができること、自分が吟味してお薦めしたものを買っていただくことと、そして後日、『あれ、すごく良かった』と言っていただくことではないかと思っています」

「私はもうそろそろ声を上げげないといけないという決意から、『ランク配本』と『見計らい配本』の二つのシステムについて今、語り出しています」

「出版社が作ったものを一方的な配本という流れで売るだけでなく、読者に一番近い地域の書店が、お客様の要望を聞いて出版社に伝えるということもありだと思います。そうすれば、ヘイト本を配本されることもなく、返品作業も少なくなり、取次や版元も返品で泣かされることが減少するはずです。また、どこへ行っても同じな金太郎飴のような没個性に陥らない、それぞれの書店の個性が出てくると思います」

「黙っていては何も変わりません。私たちは書店として自信を持ってお薦めしたい本を仕入れて、責任を持ってお客さまに売って行きたいのです。今後も地域のお客様にとってかけがえの無い書店になるべく努力していきたいと思っています」

取次店の構造は批判しても、現場で献身的に小さな書店のために動いてくれている社員さんたちには心から感謝していた。頻繁に顔を出して注文を聞いてくれるトーハンの営業担当のトウヤマさんや同社がもつ埼玉・桶川の倉庫で納品のためにいつも必死に段取りを組んでくれるハラダさんには、感謝の気持ちしかない。知子はそこを分けて書いた。

反響は怖かった。やはり、書けば、取次からますます欲しい本が回してもらえなくなるのではないか、そしてお客様も小さな書店には本が来ないのだと考えて足が遠のかれるではないか。しかし、読者の方たちから望外の大きな応援が入ってきた。励ましのメッセージが次々に飛び込んで来たのである。記事自体も大きくバズった。ビジネスインサイダージャパンは10万5000を越えるアクセスビューがあり、広く多くの人々にこの制度が知れ渡った。作

BUSINESS INSIDER　ビジネス　テクノロジー　キャリア　ライフスタイル

なぜ書店にヘイト本があふれるのか。理不尽な仕組みに声をあげた1人の書店主

Mar. 03, 2019, 09:00 AM　BUSINESS

FACEBOOK　TWITTER　LINKEDIN　HATENA　LINE

大阪の谷町で創業70年を迎える書店がある。隆祥館書店。2代目店主の二村知子さんは父と共にこの店を営んできた。

「書店として薦めたい本を仕入れて責任を持ってお客様にご紹介したい」という信念から今、流通の仕組みに対して声をあげる。

隆祥館書店は毎週のようにイベントをやるなど、独立系書店としての存在感を示している。

出版業界は厳しい時代を迎え、特に当店のような町の小さな書店にそのしわ寄せが来ています。

20年前には全国に2万3000店の書店がありました。ところが現在、日本図書普及協会によると、図書カードを読み取る図書カードリーダーを置いているお店、つまり配達だけでなく店舗を構えている書店は8800店になってしまったといいます。

本当にお薦めしたい本を入手できない

そんな中で当店では、8年前からお客さまたちの意見を聞きながら、「作家と読者の集い」と題したトークイベントを始めました。大手メディアでは、報道されない、けれども伝えなければなら

「なぜ書店にヘイト本があふれるのか」ビジネスインサイダージャパン（2019年３月３日配信）に掲載された二村知子の記事は10万ビューを超えた

家の中島京子も「全く知らなかった」と呟いてくれた。

思い切って書いてみたことが、想像以上の影響を及ぼした。小さな書店の仲間からは「よくぞ、語ってくれた」という声が届けられた。知子は父のことを思い出していた。

かつては、店が忙しい最中に父が組合の活動で外出を続けていると、「人のことばっかりやってんと、うちの店のことも考えてよ」と愚痴をぶつけていたこともあるが、今になると、善明の言っていたことがよく分かるのだ。いつしか、父の遺志を継いでいることに気がついた。

そして発信したことで新しい出遭いも待っていた。金曜日を読んだ人から「あなたのお父さんの善明さんを幼い頃から知っている。写真もある」との連絡が店に入ったのだ。それが序章に登場した西川照子である。知子には、頑張れ、という父の導きのように思えた。

トーハンの天皇の述懐

実際のところ、善明が改革を強く望んでいた同日入帳問題、見計らい配本の問題は当のトーハンはどう考えていたのか、あるいは考えているのか。単純に考えて、本来クライアントである書店の数が激減しているということは、取次店にとっても由々しき事態である。2019年3月。ひとりの人物に会いに行こうと考えた。戦後、創業して日の浅い東京出版販売(現トーハン)に入社し、以降、長きに渡って業界最大手の座にあった同社で出世を繰り返し、社長、会長、相談役と歴任、組織のトップに君臨して「トーハンの天皇」と呼称された上瀧《こうたき》博正である。

上瀧は当年で89歳、少年時代を朝鮮半島の京城《けいじょう》(現ソウル)で過ごし、龍山中学では後に警視総監となる鎌倉節とクラスメイトであった。引揚者であり、韓国や中国に対する思いは強く、嫌韓反中のヘイト本の氾濫については、憂いているということを人づてに聞いていた。剛腕を振るい、日本の書籍流通の流れを取次店の立場から当事者として作って来た男は、現在のシステムをどう見ているのか。見計らいやランク配本についてはどんなプロセスで出来て、どう考えているのか。まずは歴史から紐解いてもらった。

――戦時中、言論統制をするために取次店は日本出版配給（日配《にっぱい》）ひとつに統合されていた。一社独占ならば検閲も容易になるし、権力の都合の悪い書籍はすぐに差し止められるからですね。それが、戦後、GHQによる民主化の過程で解体されて、全国7つに分割された。それなのに再びトーハン、日販の寡占状態になっていったのはなぜですか。

上瀧「ひとことで言えば、経営が成り立たなくなったんですよ。旧日配の支店が母体に分割されたんですが、九州や東北など、地方には版元も無くてそれぞれが立ち行かなくなって吸収合併していったんですね」

――地方ではビジネスが成り立たなくて淘汰されていったわけですか。

「そうです。結局取次は自分では小売りを直接やらないので、書店を傘下に持っているんだけど、その市場が小さいと厳しい。昔は雑誌で利益をあげていたんですが、それが売れなくて苦しくなった」

――現在の書店の衰退にも繋がっている。図書カードリーダーのある店が10年前の4分の一でこのままでは8千店を切ろうとしています。由々しき事態ですよ。

「僕もね。つい最近、今月の文藝春秋を買おうと思って新宿の山下書店に行ったんだけど、無くなっていたんです。閉店してしまっていた。ああいうのが困りますね。少なくとも僕は困っていますよ」

――インフラとしての書店が無くなると寒々しい街になってしまう。取次店には功罪がありました。

「功罪、はい」

――見計らい配本というのがありますね。これはいつからですか。

「大正の半ばです。明治の時代、最初の取次店で博文館というのがあって、『金色夜叉』に出て来る富山唯継《とみやまただつぐ》のモデルになった大橋新太郎が経営者。彼は当時の渋沢栄一などと一緒の財界の大立物だった。取次ぎ主導で委託と見計らいがセットで始まったのが、大正半ば、9年とか10年のころですかね。割合、安定していた。そして昭和は戦争になって出版統制になっていきました」

――ランク配本はいつからですか？

「それは昭和20年代ですよ。出版がだんだん盛んになって、印刷の用紙が割り当て配給の時代から、自由になってランクによって配本ということが出て来たんです。今みたいにビッグデータが出て需要予測が出来れば……。はたして適正配本ができているか」

――引揚者として朝鮮半島や中国を愛されている上瀧さんも憂いておられると思いますが、嫌韓反中本、ヘイト本が売れてしまっている。「本は毒にも薬にもなるから、差別を扇動するような本は気をつけないといけない」これは隆祥館書店の二村善明さんの言葉ですが、そんな良心的な書店が何で苦しんでいるかというと、見計らいとランク配本なんですよ。こんなことをやっている限り、販元も取次ぎも衰退するでしょう。きめの細かいことをやらない限り、毛細血管が詰まってしまうと思います。どうですか？

「その通り。それで私は思う。取次は自分が直接読者に販売せずに、書店を通して売っている。間接的な存在ではあるけれども、これだけデータが取れるIT時代になっているのだから、その取次の役割というのは書店の読者管理をサポートしなくてはいけない。もっと言うと取次が書店の顧客のデータを持ってやる。それをやらないとみすみす本が売れるチャンスを逃してしまう。これまでは見本配本という考え方です。本が店頭に並ぶのは最初はこういうものが出ましたという見本としてなんです。でも今の問題はこれだけでは機会損失がおきる。あなたが言っているように、見本で注文を取るのではなくて、もうストレートに読者のニーズに対応する。顧客数を見込んでこういう客がいるから売れるはずだと前もって送り付ける。こういうジャストインタイムの配本ができるはずなんですよ」

――そうですね。月商や坪数だけを見てのランク配本ではなくて、実績配本に舵を切らないと町の書店はやる気があってもどんどん廃業になります。

「書店が廃業するというのは、取次にとっても自分の組織が崩壊してるわけだから、他人ごとではないはずですよ」

――それで言えば、送品・返品同日精算の問題についても伺いたい。取次が書店に送付した書籍・雑誌の1カ月分の支払いを請求するのに対して、書店が返品した書籍・雑誌は毎月20日前後までしか入帳しないという時期が長かった(現在は25日まで)。それも大手書店だけは月末まで入帳されるのに、小さな書店にはこんなにタイムラグがあった。あまりに不平等で体力の無い小さな書店を廃業に追い込んで来た。取次は返品を入帳せずにここでキャッシュを貯めていた。上瀧さんご自身の考えは。

「それは最初に締め切りの問題だった」

――昔は管理が困難だったから間に合わないというのはあったかもしれない。しかし、今はPCによる管理はあっと言う間ですね。書店によって返品入帳の締め日が異なるのでは自由競争にもならない。

「今は、データでやりとりできるから、紙の時代のように時差をつけないといけないという理由はないはずです。差をつけるのはおかしい。良くないですよ」

今、上瀧は善明の行った改革を改めて評価していた。ああ、この言葉を聞かせてあげたかったと痛切に思った。善明はドン・キホーテと言われながらも同日入帳（返金）問題の解決に向けて奔走していた。それは6年間に渡る闘いの末、5日間ながら、短縮することができた。しかし、見計らいについては、未着手のまま、志半ばで逝去した。

私は、日販が箱根に自社の保養所を改装して作ったブックホテルが開業したという記事などを見ると、何とも言えない気持ちになる。特にそれが出版不況に風穴を開けるかのようなポジティブな出来事として描かれていると鼻白むのだ。取次最大手で何十年にも渡り、中小零細書店の返品を入帳するのにタイムラグを設けて運用した莫大な資金で保養所を作っていたその影で、どれだけの町の本屋が廃業に追いやられていったのか。箱根で一泊何万円もする非日常のブックホテルも結構だが、それよりも生活空間である町のインフラとしての本屋を守った方が出版文化に貢献と言えるのではないか。善明が健在ならば、84歳。5歳年上の上瀧と忌憚《きたん》なく、本の流通について議論するところを見てみたいと思った。

トーハンの広報には現在の担当者への取材を断られてしまったが、今回の取材を快諾してくれた上瀧氏には改めてお礼を申し上げたい。

父との出遭い直し

それにしても善明の胆力はどこから、来ていたのか。知子は若い頃のことを、ほとんど父から聞いたことがなかった。没後4年が経ち、意外なところから、その事実を知ることになった。

ひとつは少年時代から善明を知っているという西川照子から。もうひとつは自らが企画した「作家と読者の集い」から。知子は元毎日放送記者の西村秀樹が、岩波書店から上梓していた『大阪で闘った朝鮮戦争　吹田枚方事件の青春群像』（岩波書店）の新版が、2019年に『日本が「参戦」した朝鮮戦争』と改題して三一書房から出るにあたり、イベントを仕掛けたのである。折しも韓国文在寅《ムンジェイン》大統領と北朝鮮金正恩《キムジョンウン》労働党委員長の会談が2018年4月に板門店で行われ、2019年7月にはトランプ大統領との米朝会談にまで至った。朝鮮戦争とは何かを、それを調べ上げたノンフィクション作家と一緒に学ぶことはタイムリーであり、何より大阪で起きた事件であることから、企画の意義を感じていたのである。リアルに善明を知る証言者と時代を冷静に検証したジャーナリスト西村の話は、知子に父との出遭い直しを成してくれた。

時間の針を1952年6月24日の夜半に合わせる。このとき、高津高校生だった善明は大阪大学の豊中キャンパスにいた。ちょうど二年前の6月25日に隣国の朝鮮半島で朝鮮戦争が勃発していた。高校生ながら、それに抗議する反戦運動に参加していたのである。当時、アメリカ軍は日本を兵站《へいたん》基地として、ここを足場に朝鮮に戦闘機を飛ばしていた。日本政府はこの戦争に積極的に加担しており、国鉄（現JR西日本）の吹田《すいた》操車場はアメリカ軍のナパーム弾や親子爆弾（クラスター爆弾）といった軍需物資を載せた列車の発車拠点となっていた。朝鮮戦争で最も多く使用されたナパーム弾は、1000度以上の高熱を発して100メートル四方を火の海に変えてそこにいる生物すべてを焼き尽くした。一度身体につくと消火ができない非人道的な兵器ということで2001年には使用が禁止されるが、当時は通常兵器として猛威を振るっていた。親子爆弾もまた残虐な兵器で、ギザギザに刻まれた子爆弾が空中でさく裂して人間の体内に食い込むのだ。不発弾も多く残り、それに触れた子どもなどの非戦闘員を殺傷する。2003年に毎日新聞のカメラマンがイラクから、「取材の記念」にと持ち帰ろうとした一見変哲の無い破片がアンマン空港で爆発し、死傷者3名を出すという大惨事があったが、これも親子爆弾である。ナパーム弾同様に2008年に使用が禁止されるのだが、かような非人道兵器が軍需列車によって吹田操車場に毎日運ばれていた。善明は高校二年生で、これを止める運動に参加したのであった。『失くした季節』（藤原書店）で高見順賞、『朝鮮と日本に生きる』（岩波新書）では大佛《おさらぎ》次郎賞を受賞した在日朝鮮人の詩人、金時鐘《キムシジョン》は自身がデモの最後尾でしんがりを受け持ったこの抗議活動＝吹田事件についてこう語っている。「六・二五を記念して反戦・平和のデモを起こす闘いは、親子爆弾やナパーム爆弾を大阪から朝鮮半島への軍需物資輸送を阻害するための運動でした。軍需列車を10分間遅らすと、うちの同胞1000人の命が助かると言われたし、実際そうだったんです」（『わが生と詩』岩波書店）

　現場にいた金詩鐘は、列車阻止の決死隊十数人が組織され、実際に列車が動く時間に彼らが線路に身を横たえたところを目撃している。余談であるが、金時鐘は開高健との親交も厚く、開高の小説『日本三文オペラ』（新潮文庫）に登場する大阪砲兵工廠《こうしょう》跡で金属片を発掘する主人公のモデルになっている。後にその開高健が登場する作品『最強のふたり』（北康利）を善明の娘の知子が売りまくることになる。

大阪大学豊中キャンパスの学生集会にいた善明たち学生約900名は、日付の変わった25日零時から、吹田に向かった。爆弾兵器が運ばれる吹田操車場までデモ行進を行ったのである。機動隊に囲まれながら、12キロ以上の距離を歩いた。フラフラになって深夜の行進を終えると、吹田駅から、米原《まいばら》発大阪行きの蒸気機関車に乗り込んだ。そこに100人ほどの警官隊が襲い掛かって来た。警官は運転手にピストルを突き付けて発車を止めると、一斉検挙を始めた。そして窓から上半身を乗り入れると車両にいた学生たちに向かって水平に銃を撃った。弾は跳弾し、デモに参加していた大阪大学医学部の学生の太ももに食い込んだ。学生は負傷して4カ月の入院を余儀なくされた。車内は大混乱に陥り、善明も逮捕された。吹田事件では333人の逮捕者が出たが、善明はその中でも最年少であった。被弾した医学生は、当時起訴猶予になっている。理由をこう語っている。

「阪大医学部に集会のビラが来て、私は平和な日本になって欲しいと思って豊中キャンパスに向かいました。あのとき、警察側は天井に向けて発砲したと主張していて、私の起訴を猶予する代わりに水平撃ちを不問にさせる狙いだった、と弁護士が言っていました」

善明は自分たちに向かって警官が発砲してくるという事態の中にいた。

西村秀樹は、多くの参加者の証言を得た末に、こう語る。

「あの反戦デモには多くの高校生も参加していました。北野高校、春日丘、そして高津高校。

いろんな見方がされていますが、その頃の若者にとっては、共産主義に傾倒するとかそういうものではなく、第二次大戦が終わってからまだたった7年しか経っていないのに、隣の朝鮮半島が大国によって分断されて戦争になっている。日本人としてもそんな悲劇は止めなくてはいけない、人を殺す兵器を送らせてはいけない、自分たちで平和を作ろうという純粋な考えだったと思います。二村さんもまた同様に」

最年少で逮捕された善明は不起訴で釈放されたが、留置をされているときも看守をはじめ周囲の人々からは、極めて優しく接してもらったと周囲に言い残している。政治の季節ではあったが、善明の性格のなせるものではなかったか。そしてここでタフな精神と、自分は何のために生きるのか、何のために働くのか、ひとつの信念を得たのではないか。筆者は梁石日に「高津高校の先輩で吹田事件に参加して最年少で逮捕された二村善明さんを知っていますか?」と尋ねたことがある。作家は「名前は存じませんが、そんなソンベ(先輩)がいたことは聞いています」

西村を招いた「作家と読者の集い」の最後に、司会の知子はこう締めくくった。「本との出会いの中で、私の父がこの運動にどのように参加していったのかということをあらためて知りました」朝鮮戦争を止めようと父が参加した運動を67年経過した今、娘があらためてテーマにして議論の場を作った。

会場に来ていた善明と仲の良かった中島光孝弁護士は「今日は亡くなったお父さんがそこに座っていたような気がしています。ご存命のときにやりたかったですね」西村も善明を生前に取材できていればと悔やんでいた。

知子は、「父にもっといろいろと聞いておけば良かったのですが…」

それでも書店のイベントは、人と町の歴史を自然に掘り起こしていた。

知子の講演

２０１９年6月22日守口市コミュニティセンターで、知子は講演を行った。タイトルは「地域に根ざした小さな書店が道を拓く　本を通じた人とのつながり」

70年に及ぶ店の歴史、お客様と本を介しての交流、作家と読者の集い、父の思い出、書店を取り巻く諸問題……。たっぷりと2時間近く話したあとに質疑の時間になった。手をあげた参加者が言った。「お話を聞いていて思ったのですが、なぜまだ本屋さんを続けておられるのですか？」最初は、意図を量りかねた。もしかして悪意を持っての質問かもしれない。しかし続いた言葉はむしろ憐憫《れんびん》だった。

「今日のお話を聞いて思ったのですが、二村さんは書評や講演のお仕事をしていった方が明らかに稼げるではないですか。はっきり言って出版は現状を維持するどころか、これからもっと悪くなることとしか考えられないですよ」

悪気のない質問にほっとしながら、相手を傷つけないよう丁寧に答えた。

「ありがとうございます。書評も講演も大事な仕事で、いろんな人に伝えていきたいと思っています。でも自分にとって一番嬉しい時間とは何やろうか、と考えるんです。それは私が薦めた本をお客様が、『あれ面白かったよ』と言って下さった瞬間なんです。これに勝る喜びはないいんです。確かに独立系のうちのような小さな書店は相変わらず理不尽な扱いを受けます。でもそれがある限り辞められないのです」

ランク配本には相変わらず悩まされている。こんなことがあった。国際ジャーナリストの堤未果の近刊『日本が売られる』(幻冬舎新書)が市場に出ると、知子は即座に入手して一気に読み込んだ。人間にとって最も貴重なインフラである水道が、日本ではグローバル企業に売られて民営化されようとしている。それは世界の流れに逆行することで、海外ではすでに料金の高騰や水質の悪化を招いている。その危険性を指摘した同書の意義を深く感じ取った。すでに堤の過去の作品はどれも100冊以上販売実績があり、大量に仕入れたいと思った。しかし、やはり取次からはほとんど回って来なかった。初刷り部数が少ないという。半ば諦めて面識のある堤に「近々、作家と読者の集いの200回突破記念のパーティーがあるので、手元にあれば参加者にお薦めしようと思っていたのですが、残念です」とメールを送った。

するとパーティーの当日、堤は詩人である母の江実と一緒に大きなスーツケースを担いで現れた。中には渇望した堤の『日本が売られる』200冊が入っていた。「これを使って下さい」いかに著者でもいきなり200冊を揃えることは不可能である。「いったいどうしたんですか?」聞けば、母と2人で京都の本屋を回って自著を買い集めて持って来てくれたという。

「あとで精算してもらうことになっていますから、大丈夫です」

知子は言葉を無くし、涙が出てきた。作家がランク配本の窮状を知って、自ら著作をかき集めて来てくれたのだ。この信頼に応えなくてはならない。

出版業界の右肩下がりは、もう止められない。でも少なくともあと10年はがんばろう。そうすれば隆祥館書店も80周年。知子は質問の答えを口に出しながら、同時に決意もしていた。

第2部 本屋がつなぐ

第2部では、隆祥館《りゅうしょうかん》書店のもうひとつの歴史である「作家と読者の集い」の歩みをひも解いていく。お客の要望に応えるかたちで手探りで始めたトークイベントであったが、このシリーズは今では店の代名詞のようになっている。

その大きな特徴は、本を売るための販促ではなく（もちろんその側面もあるが）地域の人々に、有名ではないけれどもこんな隠れた名著があるというアナウンスの役割であったり、共に学ぼう、知ろうという姿勢にある。１００回を超える頃になると、意志を持った13坪の書店は、事件が起きると、すぐさま浄瑠璃を書き上げて、大阪・道頓堀の竹本座にかけていた近松門左衛門よろしく、沸き起こった社会問題に即した作家と書籍のイベントを仕掛けるようになった。それは単に書店の生き残り施策ではない。

ここでは代表的で象徴的な4人の作家の方々（肩書は、それぞれ科学者、小説家、日本代表監督、医師でもあるが、固有の思いを持って表現をするという意味では紛れもなく作家である）のライブを紹介する。

「作家と読者の集い」シリーズは本書では、歴史として記すが、今後、作家と書店の直接の共闘という試みとして、ほぼリアルタイムで、ころからが書籍化する予定もあるという。

第1回の「作家と読者の集い」が好評で幕を閉じた。二村知子《ふたむらともこ》の娘・真弓の提案で来場者アンケートをとると、作家と同じ時間を共有して話を聞くという体験は、なにものにも代えがたく「お店でこういう会を定例化して欲しい」という声が多かった。

古くからのファンである松任谷由実の言う「ライブは永遠」という意味が理解できた二村知子は、続けての実行を考えた。1回目は、第1部で触れたとおりお客のリクエストで作家を決めたが、さて2回目はどうするか。

そんなとき、光文社のPR誌「鉄筆」が送られて来た。中に掲載されていた「トライアウト」(藤岡陽子)という作品に引き込まれた。戦力外通告を受けながら、他の球団に入るためのテスト、トライアウトに挑む元プロ野球投手とそれを取材するシングルマザーの新聞記者との出会いを軸に、不器用ながらも前向きに人生を進んでいこうとする様が、切々と丁寧な筆致で綴られていた。

知子は言う。「その新人作家さんにとっては、これが実質的なデビュー作ということを伺っていたんですけど、一読して直感が働いたんですね。あっ、2回目は、この人に来てもらいたい、と。母子家庭やからという差別があって、子どもがイジメられる。でも子どもを一番に信頼してやれ、というお祖父さんのセリフがある。私はその後の作品も読んで藤岡さんは、お祖父さんを描かせたら日本一の作家やと思うに至るんですが、すごくリアルやし、それでいて優しさがある。この本は、シングルマザーや、人生をやり直そうとしている人に絶対薦められる、と思ったんです」

早速、光文社の営業担当のフジイシさんに電話をした。作者の藤岡陽子に繋いでもらって、やりとりをした。その中で、知子はますます藤岡に魅かれていった。

「藤岡さん自身が、以前はスポーツ紙の記者さんやったんですけど、取材対象に対する目線がすごく柔らかいんですね。特にアメフトの選手をインタビューに行ったときのエピソードが好きで、この作家さんはいいなあと思えて、ますます応援したくなったんです」

第2回「作家と読者の集い　藤岡陽子さんを囲む会」は、イベント本番もまた特別な空気に包まれた。講演と言うよりも、参加者を巻き込む座談のようなかたちでの進行であったが、時間が進み、質疑を重ねていくうちに、作家との絆が生まれ、会場がひとつになっていったのである。聞き手に対する気さくで真摯な受け答えに、元々の読者も感じ入り、これからもこの作家を支持していこうという空気が熟成された。最後に知子が、サプライズで花束を贈呈した。藤岡は感極まって涙を流した。フジイシさんは感嘆していた。

「いろんな書店でイベントをやりましたけど、こんなに読者さんと繋がりを感じた会は初めてです。実は、ぼくはもう会社を辞めようと思っていたんです。でも考え直しました」

いろいろと思う所があり、辞表を出そうとしていた。ところが、この会で書き手と読み手が、作品を通じて結び合っていく様子を目の当たりにして、辞意を撤回することにしたという。人間は新しい感動に出遭うと、もう一度挑戦しようという気持ちになれるのだ。まさに藤岡が描いた『トライアウト』(光文社)の精神だった。

以降、藤岡は「作家と読者の集い」の常連となっていく。『ホイッスル』『波風』『満天のゴール』……。あらたに著された作品も知子はすべて好きだった。

先見の明とはこのことだろうか。あれから8年、藤岡陽子作品は、2018年にトークの中で言及している一作目の『いつまでも白い羽根』がテレビで放送され、『おしょりん』

も舞台になり、『海路』『トライアウト』『晴れたらいいね』『満天のゴール』もラジオドラマ化されていった。

まだ、世の中がその作家の才能に気がついていないときから、注目し、支える。それこそが、本屋の仕事の醍醐味でもある。ブレイクする前のふつふつとしたエネルギーが充満した、第2回のイベントとなった。

藤岡陽子さんを囲む会

語り手　**藤岡陽子**（作家）
聞き手　二村知子
日時　2012・1・21
会場　隆祥館書店多目的ホール

二村　みなさん、定刻となりましたので、始めさせていただきます。隆祥館書店の二村知子です。本日は「作家さんとの集い」の第2回として、隆祥館書店と直木三十五記念館の共催で「藤岡陽子さんを囲む会」を行います。

第1回では、『永遠の0』の作者、百田尚樹さんをお迎えしました。そのときのアンケートで「こういうイベントを定例化してほしい」というご要望が多かったので第2回を企画しました。今回は、『トライアウト』を読ませていただき感動したので、藤岡さんの書かれている作品をすべて拝読して、お願いすることにしました。

藤岡さんは京都のご出身で、ご本人いわく「話をするのがあまり上手じゃないので小説家になった」とおっしゃってますので、今回は掛け合いというか、私と読者のみなさんが聞き手となって進めたいと思います。みなさんどんどん質問してください。

それでは、藤岡陽子さんにご登場いただきます。

藤岡陽子（ふじおか・ようこ）
1971年京都市生まれ。同志社大学文学部卒業。報知新聞社を3年半で退社しタンザニアの大学に留学しマラリアに感染するなど死を身近に体験。帰国後、慈恵看護専門学校を卒業。2006年「結い言」が北日本文学賞（宮本輝選考委員長）の選奨受賞。2009年『いつまでも白い羽根』（光文社文庫）でデビュー。おもな作品に『手のひらの音符』（新潮文庫）、『トライアウト』（光文社文庫）などがある。

藤岡　こんにちは。緊張してます。

二村　新作の『トライアウト』の前に、デビュー作となった『いつまでも白い羽根』（光文社文庫）を読ませてもらいました。看護学校が舞台で、いろいろな登場人物がいらっしゃいますが、たとえばモデルとなる人が現実にいらっしゃるんですか。

藤岡　はい。私は、30歳のときに、看護学校に入学したんです。そうすると、18歳とか19歳の若い女の子たちがクラスメイトになります。私は結婚もしていましたし、大人の世界を知ったうえで入ったもんですから、看護学校という場所がカルチャーショックだったんですね。独特な文化で、理不尽なことを言われても、「はい」って言わないといけない状況が驚きだったんです。

そんななか、しんどい実習や勉強をいっしょにやってきた友だちのひとりに驚くほど素直で心のきれいな人がいたんです。30歳の私の目から見て、感動的だったんですね。私なんかは、この先生はこの生徒のことが個人的にきらいなんだろうなとか、そういう見方もしてしまうのですが……。懸命に勉強して看護師を目指す若い人がいっぱいいて、その感動を『いつまでも白い羽根』に書かせていただいたんです。主人公の木崎さんは、私の親友だった子がモデルで、その友だちの千夏という登場人物のモデルもいます。私はまったくのフィクションで小説を書くというタイプではないので、どの作品の登場人物にも、実はほとんどモデルがいます。

読者　まさか実在とは、思わなかったです。ご自身も登場人物として書かれるんですか？

藤岡　私は微妙なところで（笑）。主人公ほど強くもないし、その友だちほど純粋でもないし。『いつまでも白い羽根』のなかには34歳の佐伯さんという女性が登場するんですが、一番その人に近いかな、と。佐伯さんというのはちょっと弱いキャラクターなんですけど。先生が理不尽なことを言ったりすると、それに真っ向から挑んでいくのが主人公で、佐伯さんはそれを、ちょっと引いて見てるようなタイプなんです。あの小説のなかでは、佐伯さんが自分に近いと思います。

二村　あのすごくきれいな、頭のいい女の子は、ほんとうにいてはるんですか。

藤岡　そうです。入学したときに雀のなかに鶴がいる、みたいに目立つ人がいて、近寄りがたかったんです。もちろん小説ほどきつい人ではないいんですが、立ち居振る舞いのすべてが美しくて……。でも実際に打ち解けて話をすると、とても優しく堅実で、一人で生きる力を持つために資格をとりたいという真面目な人だったんです。

もともとは本当にモデル業もされていて、黄色い細身のズボンとか履いてはってそれがまた見事に似合うんです。その方を遠野さんっていう、小説のなかのすごくきれいな女の人のモデルにさせてもらいました。

読者　私、年代的には佐伯さんとか理不尽なことを要求する波多野先生に近くて、主人公たちのことは懐かしくこういう時代もあったかなと思って読みました。波多野さんもここに至るまでに人の生死にかかわるシビアなことをたどってこられて、結果こうなったのかなとか想像しながら読んでたんですけど、キャラクターをあえて単純化されてるように感じたんですけれども、それは人物を際立たせるためですか？

藤岡　そうですね。もちろん先生にも先生の事情があって、厳しくする理由も絶対にあると思うんです。学生はどんなことを言われても耐えないといけないっていうのがあって。私は現在も看護師を続けながら小説を書いてるんですが、腑に落ちないことがあっても、僕《しもべ》みたいな感じで動かないといけないときもある。そういういろんなことに耐えられるように、先生も多分ああいうかたちで学生を訓練させてたと思うんですね。

でも、私は普通の大学を卒業して就職したものですから、こういう強制的な訓練というか、組織のマニュアルに沿って型どおりに動くということに戸惑いを感じて、少し先生を悪く書いちゃったみたいな（笑）。先生すみません、という気持ちもあるので、看護学校の同窓会の案内はとりあえず不参加、って（笑）。

会場　笑

読者　看護師は人の生死とか、本人だけでなく家族もつらい時期にお世話になる職種の方々なので、看護師をしながら小説を書くって大変じゃないですか。

藤岡　そうですね、でも看護師をやっていることと、小説を書くということは、私のなかではそれほど離れてなくて、人と深くかかわり合うという点では繋がっていると思うんです。

空想でいろんなことを書いていける「ハリーポッター」の作者さんのような方だと別ですけど、私はリアルに感じたことや体験したこと、もらった言葉を自分のなかで蓄えて書いていくタイプなので、やっぱり看護の現場、医療の現場で人と出会うという経験は、私のなかでは、とても大事なことなんです。これからも両立は続けていきたいと思ってます。

二村　実は、今回この「藤岡陽子さんを囲む会」の開催にあたって藤岡さんとメールのやりとりをさせてもらったんです。そのときに新聞社さんをお辞めになる経緯に「はっ」としたんです。その時のことを話してもらえますか。

藤岡　はい。私のいた報知新聞はスポーツ紙ですから、入社1年目は、大学野球や高校野球、それにアメリカンフットボールとかラグビーの取材をして、アマスポーツ全般をやらせていただいて、2年目からはゴルフ記者になったんです。そうしたなかで、私が退社するきっかけとなった出来事がありました。話せばちょっと長いかもしれないんですけど、いいですか？（笑）

立命館大学のアメリカンフットボールがとても強かった時代がありまして、大学日本一になったときのクォーターバックに東野《との》稔くんという選手がいました。彼は高校時代から天才クォーターバックと騒がれていたんですが、ある日私はアメリカンフットボールの大学日本一を決める「甲子園ボウル」で東野選手を取材しました。立命館大学が史上初の優勝を勝ち取った一戦で、その試合の直後に取材をしたんです。

結構大きな記事になる想定でしたから、かなり時間をかけて取材をしていると、彼が「自分だけじゃなくて、ここまで一緒に練習をしてきた先輩のことも書いてほしい」って言わはったんです。東野くんは、鳴り物入りで大学に入ってるので、立命館でもすぐにレギュラーになったんですね。つまりそれは、東野くんが入るまでクォーターバックを担っていた先輩がレギュラーから外れるということです。自分が入部したために控えに回った先輩が、自分の練習にずっとつきあってくれた、自分にとって恩人のような人やから、その選手のことを書いてくれって言われたんですね。

そう言われて、その先輩を取材したら、実際にすごくいい子で、おもしろい話もいっぱい聞かせてもらったんです。それで私は、その先輩がいなかったら、東野くんが日本一まではなれへんかったっていうことを書こうと思ったんです。ですが、記事の中にその先輩のことを書いたら、デスクにすごい怒られて。「何を書いてんねん」と。「大事なんは東野選手やろ、東野選手を書けよ」って言われて。「試合に出てへん控えの選手をメインにして、藤岡まちがってんのちゃうか」みたいなことを言われて……。「でもね、東野くんには欠かせない先輩ですし、その先輩もものすごく頑張ってきたんです」と言い返したんですけど、スポーツ新聞が求めるのはヒーローなんです。一

文字通りに藤岡さんを“囲む”ように参加者が集まった

番てっぺんの、光が当たっている人じゃないと記事にはならない、っていうのがスポーツ新聞の世界です。

それは当然で、ゴルフでも野球でも優勝した人を書くし、これは『トライアウト』のなかにも書きましたけど、落ちていった選手がどうなろうが興味はない、強い者たちを描くのがスポーツ紙の世界やと。

でも、自分はやっぱりその先輩を書きたかったなって思ったんですね。はじめは東野くんに言われて取材したわけですけど、自分が書きたかったのは、勝利をつかむまでの「過程」みたいなもんやって気づいたんです。結局その原稿は、差し替えられて他の記者が東野選手のことを書いた「天才東野」という記事が紙面に載ったんです。ショックはショックだったんですけど、まあ仕方ないと思って。私が書いた原稿は「雑感」という小さなコラムになって掲載されました。そのときに私は、光が当

たる人もいて、そうじゃない人もいて、でも自分は光が当たらなくても頑張り続ける人、を書きたいんだと思ったんです。それならもうスポーツ新聞では書けないいな、と覚悟を決めて。

せっかく入ったスポーツ新聞社でしたが、そうやって違和感を感じながら会社にいたって、いい仕事はできないと思って辞めちゃったんです。

読者　同志社大学の文学部を出られて、報知新聞に勤められて、普通やったらそのまま小説家になられるようなコースかと思うんですけど、なんでタンザニアに行って、そして看護学校に行こうと思われたのですか。

藤岡　報知新聞を3年半で辞めたあと、タンザニアのダルエスサラーム大学に留学するんですが、それはスポーツ新聞社での日々が全力ではなかったことに反省したからなんです。全力で仕事をしないといけないのに、全力になれないし、そのための努力もできなかって、なんか、ちょっと自分を変えないといけないかなあっていう気持ちがあって、それでタンザニアというアフリカの大地で、一から生き直そうと思って1年を過ごしました。

思ってたとおりというか、思ってた以上に過酷で、コレラやエイズなどの病気も蔓延し、周りの人たちが次々に亡くなっていったり、自分もマラリアに罹ってしまい、病院に行く手段もないものですから、常備していたマラリアの治療薬を飲んで一人で苦しんでいるといった、死に直面するような場面が何度かありました。それで日本に帰ってからは、なにか仕事に就かないといけないと考えて、タンザニアの経験から医療に興味を持ち、じゃあ看護師になろうって。

あともうひとつ、看護師を目指した理由に、タンザニアにいたときに、友だちになった女性の婚約者さんがお医者さんだったんです。その方はヨーロッパに留学して、医師免許をとって、タンザニアで働いてらっしゃったんですけど、そのときに、「陽子、看護師になってくれないか？　そして戻ってきてくれないか?」って言われて、そのときは、タンザニアに戻ろうと思ってたんで、わかりました、みたいな(笑)。

タンザニアでコレラが流行したとき、なんにもできない自分っていうのがあったんです……。タンザニアの人たちは、私が日本から持っていった抗生物質なんかをもらいに来るんです。助けてくれ、と。でも、私はなんの知識もなかったもんですから、結局なにもしてあげられなかったんです。薬も、これをあげていいのか、ということも分からなくて、そういう自分が情けなくて、もっとなんかできたらなというのがあって、30歳で看護学校に入ったんです。

読者　それでどうして作家に？

藤岡　帰国してすぐ、作家になりたいと思って、そこから小説を書き始めて、それが27歳のときです。そのときは、アフリカ、特にタンザニアのことばっかり書いてました。でもなかなか小説の形になっていかなくて、じゃあタンザニアのことを書くのはやめようと。タンザニアが自分の人生にとって大きなものすぎて、ちゃんと書けなかったんですね。でも最近、ようやく距離がとれるようになったのかなって。いまなら書けるかなって思います。

読者　帰国して最初に書かれたのが「結い言」(『波風』所収)ですか？

藤岡　さきほども言いましたけど、帰ってきてタンザニアのことばかり書いていて、その頃は大阪文学学校に通ってました。それで看護学校に行くんですけれど、その間の2〜3年は小説をいっさい書けなかったんです。卒業してやっと3年ぶりに書こうかなって思ったときに、しばらく書いてないから、なかなかエンジンがかからなくて。

そんな時に「北日本文学賞」の応募要綱を目にしたんです。作家の宮本輝さんが単独で選考委員をされていて。私は宮本輝さんの作品がすごい好きなもんですから、宮本輝さんに会えるかもしれないというモチベーションを支えに書いた作品が「結い言」という短編小説です。

そのなかに80歳ぐらいのおじいさんが出てきはるんですけど、それもやっぱりモデルがいまして。私が東京に行って、友だちもいないですし、一人でとりあえず文学集会のような場所に顔を出したときに出会ったおじいさんです。そのおじいさんも、小説家になりたかった、とおっしゃっていました。自分が創作活動をしていた時代に向田邦子さんが近くにおられたり、宇野千代さんが講師を務めていた文学集会に通ったこともある、と。向田さんは有名になる前からずっと原稿を書いて書いて書いてとても努力家だった、などと話してくださるおじいさんで、作家になりたいという私のことも応援してくれはった。一人暮らしのおじいさんだったんですけど、自分の書いた小説を渡したら読んでくれはって、「すごいよかったよ、藤岡さん」とか感想をくれはったり。多分しょうもなかったと思うんですけど（笑）、その時は本当に励まされて。そのおじいさんの、それこそ生き様というか、立ち居振る舞いをモデルにして、「結い言」を書いたんです。

二村　私も話していいでしょうか（笑）。いま藤岡さんがおっしゃった、人の生きる姿勢を好きになるっていうのすごくわかるんです。藤岡さんの作品でとても共感した部分で、女性であっても男性であっても、それこそ年の差があっても、この人はほんとに、物事に向かって情熱的に一生懸命生きておられるという姿勢を見たら好きになりますよね。

藤岡　そうです、ほんとに。『海路』（光文社）という作品では、40代の看護師が70代の医師に対して恋愛感情かどうかわからない好きっていうもどかしさを抱える状況を書いたんですけど、そういうことってあると思うんです。人が人を好きになるっていう、恋愛の定義じゃない「好き」っていうことを形にしてみたいなと思いました。

読者　小説を書くにあたっての秘訣を教えてください。

藤岡　秘訣ですか（笑）。いや、難しいですね。小説って、読むのと書くのでは大違いなんです。私も読むのは好きですけど、書くとなるとさっきAさんがしゃべってたのに、いつの間にかBさんの話になったりとか、結末に至らないとか、あれっていうようなことばかりで（笑）。

それが少しずつ形になるのは、編集者の存在は大きいですね。デビューするまで「小説宝石新人賞」に出して2回とも最終選考で落選したんです。その前の「オール讀物新人賞」という新人賞でも最終選考で2回落選してますから、計4回最終で落ちて。私はやっぱり作家にはなれへんのやなって思ってた時期に、「小説宝石新人賞」の選考に携わっておられた編集者の方に声をかけていただいたんです。初めてお会いした時に「長編小説を書いてみませんか」と言っていただきました。長編小説というのはそれまで書いたことがなかったのに「書きます！」って即答していました（笑）。でもここでがんばらないと自分には一生、文学の神様は来ないと思って。その時に書いたのが『いつまでも白い羽根』だったんです。150枚超える長編は、正直はじめてでした。

そして書き始めると、編集者の方がいろいろ言ってくれはる、たとえば「ここでこの台詞はないでしょ？」とか。そうしたたくさんのアドバイスを参考に直していって、だんだん力がついてくるのを感じました。もうこれ以上展開させるのは無理かもと思ったときに、前の部分を練り直してみようか、とか。苦しい局面で踏ん張れる力っていうのは、書いていくうちについてくるものなのかなと思います。

その編集者の方に「書いたら書いただけうまくなるもんなんですか？」って聞いたことがあるんですよ。私も40歳を過ぎてましたし、この先上達することができるのかなと不安に思ったり。そしたら、こう言わはったんです。「藤岡さん、体力をつけたいと思って家にずっといる人はいないでしょ？　体力をつけたかったら外を走ったり運動するじゃないですか。だから書く力をつけたかったら、書くしかないですよ」って。

私はもう、そらそうやわって思って。書かずにうじうじ悩んでたら、なんにもうまくもならないし、とにかく書こうって。

二村　藤岡さんは、ここ大阪に縁が深くてらっしゃって、タンザニアから帰国されたあとは大阪文学学校にも通っておられて、今日は同じクラスにいらっしゃった方や先生も来ておられるとか。先生、当時の藤岡さんのエピソードありますか？

先生　藤岡さんは私のクラスに1年か2年おられまして、そのときに、ほんとうにこの人は優しい人やなと思たんですよ。人柄が優しいし、書いてるもんも優しい。最初「鬼灯」という小説を読ましてもらいまして、クラスでも読みました。その後、いろいろ推敲なさったと思いますけど、その優しさいうのが小説のなかの一つの弱さやと思うという批評がありましたわ。そやけどその優しさが実ったんが、やはりこのこないだ書きはった看護師さんの話ですわな。ああいう小説は、いま非常に少ないんです。人間が殺伐としている社会で、ああいう小説がもっとも値打ちのある小説やと私は思てますねや。

読者　ほんとにそう思うんですよ。だからそういう優しさも書けるような作家が出てほしいなあと思いまして、今日はほんとに嬉しかったですよ。これからもどんどん書いてください。よろしくお願いします。

藤岡　ありがとうございます。

読者　最後に、どの作品に一番思い入れがありますか。

藤岡　はい。それ、いつ聞いてくださるかなあと思ってました（笑）

会場　笑

藤岡　来る前から考えてたんですけど（笑）、どれも思い入れがありますが、やっぱり『海路』かなと思います。というのも、『海路』を書く前年に「小説宝石新人賞」の最終選考で落選していたんですね。そのときの審査員が作家の角田光代さんと奥田英朗さんだったんです。当時の「小説宝石新人賞」は作品を選考する過程が座談会のような形で紙面で公表されていました。私は落選したほうですから、結構ショックなことも書いてあって（笑）。

でも夫はその批評が嬉しかったらしく、座談会が載ってる号を2冊も買ってきて、「もう少し主人公に自分にはできないことをさせてみたら、もっともっといい小説になる」って審査員の先生が励ましてはるでと私に見せるんです。とはいえ、翌年も審査員は角田さんと奥田さんで（笑）、私みたいに地味な作風ではあかんねんっていうことを夫に言っていたら、締め切りの2日くらい前に、とにかく出しなさいってうるさくて、それで渋々出したのが『海路』でした。結果は、また落選。でもその『海路』を読んでくださった編集者の方から連絡をいただけました。『海路』は私にチャンスを与えてくれた作品だと思っています。

当時の自分は、もうこれ以上、落選で傷つきたくないって思ってたんですけど、そんななかで思い切って書きたいことを書いただけに一番思い入れがあります。読んでくださった人はわかると思うんですけど、地味な作品です。派手な人は出てこないし、特殊な場所でもないし、でもそういう作品を認めてくださったっていうところで、やっぱり『海路』が自分のなかでは特別なんです。

二村　ありがとうございました。みなさん、本日の「作家さんとの集い　第2回　藤岡陽子さんを囲む会」はいかがだったでしょうか。藤岡さんが書かれたものは、『いつまでも白い羽根』も、とてもメッセージ性があって、人の生きる姿勢を語っておられます。『トライアウト』も嫌なことがあっても、ぜったい逃げない姿勢を見せてくれる物語です。そしてそれは今を生きていく私たちを諭してくれるような、救ってくれるような作品だと思います。

藤岡さんが一番好きだっておっしゃった『海路』もありますからよろしかったらこの機会に、お求めください（笑）。

藤岡　私はこのまま小説を書いていていいのか、作家になるのは諦めるべきではないか、と迷いながらの10年間でした。でも書き続けてきたことで、こうやってみなさんに出会え、言葉が届いたんだって、いますごく実感してます。小説のなかで一行でも、みなさんの心に響く言葉が書ければと思っています。

［了］

２０１１年3月11日。東日本大震災が起きたこの日、知子はビルの10階で遅めのランチをとっていた。震源地の東北沖からは、遠く離れた大阪・谷町ではあったが、マグネチュード9の衝撃はそれでもこの地まで伝わって来た。近くにあった水槽が激しく揺れたのである。

「地震や!」テレビをつけると、この未曽有の災害の全貌が徐々に見えてきた。岩手、宮城、福島、茨城、広範な地域に甚大な被害が出ている。思わず16年前の1月17日を想起した。あのときは、早起きして勉強していた娘の真弓とともに激震の中にいて、不安で堪らなかった。東北で被災された人たちのことを考えると、とても他人事には思えなかった。

激しい余震が何度も繰り返された。揺れと津波に続いて、阪神淡路大震災のときには無かった終わりの見えない恐ろしい問題が巻き起こっていた。福島第一原発の事故である。津波の被害による全電源喪失に陥った(一説には津波到来以前に電源喪失していたという)ことで、炉心溶融《メルトダウン》が起きていた。この重大な事故の発生を認めつつ、それでも政府は「直ちに影響はない」という発言を繰り返すばかりであった。近郊で採れた牛乳やホウレン草からは、基準値を超える放射性ヨウ素が検出されている。平時とは明らかに事態が異なっている。ところが、「１００ミリシーベルトまでは放射線を浴びても安全だ」「風評被害を煽るな」とテレビで声を大にして叫ぶ研究者たちがいた。

果たして、この原発事故がもたらした影響の真実はどこにあるのか。「今は安全やとか、問題が無いとか、ほんまのことはテレビでは分からない。こういうときこそ、スポンサーの広告収入や電源三法の利権に左右されずに、しっかりと掘り下げられる書籍の出番やと思ったんです。原発関係については地域の人やお子さんのためにもしっかりとした講演のイベントをやらないといけない。とはいえ、私もシンクロばっかりやってたから、科学のことなんて何も知らない。どんな学者さんを信じたらええのか……。ただ、ちょうど、そのときツイッターを始めていて、フォローしていた太田出版の社長の岡聡さんが、かなりこの問題について精力的に動いておられたんで、伺ってみたんです」

福島の事故からほぼ1年が経過していた。2011年12月に野田総理が、「原発は冷温停止状態に達した」として収束宣言をしていたが、到底、そうは思えなかった。隆祥館書店がある谷町の隣の駅の玉造には、福島から避難されてきた人たちが、帰るに帰れず今も生活を続けているのだ。父祖の土地を離れるその気持ちを思うと心が痛んだ。

知子は、岡社長に、当店で原発問題について作家さんを呼んでお話を伺いたいのですが、どなたが良いでしょうか、とダイレクトに訊いた。岡は、「あなたは誰が信頼できると思いますか」と質問に質問で返してきた。「私はまったくの素人ですが、いろんな人の発言や本を読んで思ったのは、京都大学の小出裕章先生が、一番誠実で説得力があると思いました」。岡は「そうです。その通りです」

やっぱり、小出先生に来てもらいたい。早速、その著作『子どもから大人まで、原発と放射能を考える』を刊行しているクレヨンハウスに連絡をとって、京大の研究室の電話番号を教えてもらった。勇気を出して、かけてみたが、留守番電話の応答メッセージが流れてきた。知子は自己紹介から入り、とにかく先生に当店に来て頂いて、地域の人たちにお話をしてもらいたいと、率直な思いを吹き込んだ。一面識も無く、誰の紹介でもない、おそらく名前すら知らない小さな書店からの電話である。どう受け取られたか、心配になっていたが、折り返しの電話が店に入った。

「小出です。メッセージを聞きました。お力になりたいのですが、今は本当に忙しくて、1年先までスケジュールがびっしりと埋まっているんです」

「そうですか。分かりました。それでは1年、お待ちします。ぜひ先生に来て頂いて原発の真実を語って頂きたいです」

電話から、1年待った。2013年が明けた。それでも多忙な小出から、連絡は無かった。このままやったらあかん、動かないと。そう考えて調べてみたら、3月31日に天満橋のエル・大阪（大阪府立労働センター）で小出が講演を行う予定があることを見つけた。谷町六丁目から、天満橋は地下鉄で二駅である。知子はスタッフの長浜と一緒に出かけることにした。直訴である。長浜は自他ともに認める原発推進派であった。事故は起きてしまったが、まだ科学の成長を諦めてはいけないのではないか、クリーンで経済効率の良い原発を進めることが、日本の将来に繋がる、というのが、長浜の考えだった。

小出の講演は圧倒的だった。知識の無い人にも分かるように懇切丁寧に優しい言葉で、それでいて科学者らしく、緻密なデータとファクトを提示して、原発が抱える闇の事実をあぶり出していた。講演が終わると、知子は長浜に訊ねた。「長浜さん、どう思った」「180度変わりましたわ。僕も原発は反対です」

著作のサイン会が行われた。

「うちは本屋やねんから、ほんまは本は売るほどあんねんけどな」

それでも直訴の瞬間はここしかない。小出の著作を買った知子は列に並び、順番が来ると話しかけた。

「先生、覚えてはりますか？　一年前にお電話した二村です」

「あっ、覚えています」

初対面であったが、小出は思い出してくれた。その場で名刺を交換した。店に戻って、早々にメールを送ると、そこからはとんとん拍子で話が進み、2カ月を経たない5月19日にイベントを行うことになった。知子は玉造に避難して来た人たちには、参加費無料で来場いただけるようにして呼び掛けた。

当初はいつもの8階のスペースを会場に予定していた。しかし、多数の来場者が見込まれたので、店のはす向かいにある関西電力上本町変電所のホールを予約することにした。元々、ここは市バスの車庫であったところを、大阪市と関西電力が等価交換をして建てられた施設で、地元では関電ホールの名で親しまれている。公共施設の性格を持つが、それでもさすがに気にはなった。知子は小出に、会場が関西電力の施設ですけど、良いでしょうか？　と訊ねた。

「私はいいですよ。そちらに迷惑がかからなければ」

電力会社にしてみれば、小出裕章は天敵中の天敵である。拉致被害者家族の蓮池透は、東京電力にエンジニアとして33年間勤務していた人物であるが、原燃から核廃棄物処理担当へと、一貫して原子力畑を長きに渡って担当していたために、内部から原発の欺瞞をいやと言うほど見ており、現在はその経験から、打って変って脱原発の論客として政治活動をしている。その蓮池が筆者(木村)にこんなことを語ったことがある。

「私が東京電力の原子力計画課にいた現役時代は、小出さんや京大の実験場がすごく煙たい存在だったんですよ。原発差し止め訴訟などは、国が訴えられている行政裁判なんですけれどもそれを大体、東電がやるんです。通産省に訟務室というのがあってそこと連絡を取り合うんです。おかしいでしょう？　訴えられているのは国で、通産大臣ですよ。それを東電がやる。東電は全部、自作でやりますから。安全審査ももう自作自演。私はその裁判の対応を任されて、準備書面も書いたんですけど、技術的にはまったく小出さんや高木(仁三郎)さんたちの言う通りだなあと思って傍聴席で見ていました。論理的には、軽く論破されそうで東電側は恐れていました」

そんな小出が「関電ホール」で講演をする。知子はいつも会場を申請する書類には講師の名前まで書くのだが、今回ばかりは警戒されないように講演会としか書かなかった。無事に妨害も入らず、トークイベントの幕が開いた。

会の冒頭で、小出は「原子力の研究者として、私は原発を止めることができなかった。そんな社会を許してしまった自分に責任がある」と謝罪から入った。

小出裕章さんを囲む会

語り手　**小出裕章**（科学者）
聞き手　二村知子
日時　2012・1・21
会場　関西電力上本町変電所ホール

二村　本日は「小出裕章さんを囲む会」に多数ご参加いただきありがとうございます。

今回は40年も前から原発に反対しながら、研究を続けておられる小出裕章先生にお越しいただきました。

2011年の福島第一原発の事故以後、いろいろな本が出て、テレビでもいろんな報道がされました。そんな中で、原発は危ないから絶対に廃止せなあかんという声もあれば、必要なのだから動かさなあかんという、テレビに出ている専門家ですら両方の考えがあって、どっちを信じていいのか分からなかったんですね。

で、私、本当のことが知りたくて、小出先生の研究所に電話して、じつはこうこうで、本当のことを知りたいっていうふうにお願いしていたんです。

3・11福島第一原発の事故で汚染された陸地や海、農作物への影響、そして放射能汚染された水漏れ。さらに、大阪が引き受けることにした瓦礫のこと。原発の真実と放射能の体への影響、そういうものをお客様や地域の方に本当に知ってもらいたいと思ってお願いしたというわけです。あと関西で同じように大地震が起こったら、どんなことになるのか、小出先生に「知っておかねばならない原発の真実」と題して、お話しいただきます。

小出裕章（こいで・ひろあき）
1949年東京生まれ。原子力の平和利用を信じ、東北大学工学部原子核工学科に入学。在学中の1970年に宮城県女川町での原発建設反対運動に参加。以後、伊方原発（四国電力）裁判、人形峠ウラン残土問題などを専門家の立場から危険性を訴え続ける。東北大学大学院修了後、1974年京都大学原子炉実験所助手に（2007年から助教）。著書に『原発のない世界へ』（筑摩書房）、『隠される原子力・核の真実―原子力の専門家が原発に反対するわけ』（八月書館）、『原発のウソ』（扶桑社新書）など多数。

小出　どうも、みなさん、こんにちは。隆祥館書店という、失礼ながら小さな本屋さんに招いてもらってうれしく思います。本屋さんって今、苦しい時代ではないかと思いますが、それでも商売しながら自分が何をすべきなのかということを考えてくださって、今日の集まりを持たれたんだと思います。ありがとうございます。

私自身は、原子力の平和利用に一度は夢をかけて、この道に進みましたけれども、途中で原子力だけはやってはいけないと思うようになり、この40数年間、原子力を止めさせるためだけに生きてきたつもりです。悲惨な事故が起きる前に原子力を止めたいとは思っていたのですが、それもできないまま福島で事故が起きてしまって、すでに2年になってしまいました。

いったい原発って、原子力ってなんなのか、という話を今日は聞いていただこうと思います。

でも、最初は原子力と直接関係ない話です。この地球ができたのは46億年前です。初めは火の玉でしたから命あるものは根付きません。それがだんだん冷えて、大気ができ、雨が降って、海ができて、そして40億年ぐらい前に、ようやく命というものがこの星に生まれました。

そして、ある種の生き物は絶滅して、ま

た次の生き物が生まれて、生まれては絶滅ということをやって、いつか私たちのような人間がやっと出てきました。

いまの猿とか、ゴリラとか、チンパンジーとかのような生き物がいて、その生き物が直立して歩けるようになった。背骨の真上にあることで、重い頭があっても大丈夫で、手が自由になった。それで猿やゴリラとはちょっと違うかたちの人間が生まれたのが数百万年前だと言われています。

そして長い間、自然に溶け込むように生きてきたのですが、ほぼ10万年ぐらい前に、道具を使って他の動物を獲って食べるということを覚えるようになりました。そこからまた長い時間が経って農法を覚える。そして集落を作って定住するようになったのが約1万年前だそうです。

それからまた長い時間が経って、現代の私たちのような人間が膨大なエネルギーを使い始めたのは、わずか200年前のことです。

これを現実の距離に置き代えて考えてみましょう。

今日、みなさんは地下鉄の谷町六丁目駅から歩いて来られたとして、改札からこの隆祥館書店までを460メートルと仮定してください。なんでこんな半端な数字かと言いますと、この距離を地球46億年の時間に読み替えてほしいからです。すると谷町六丁目駅の改札のところで地球が生まれたとして、だんだん隆祥館書店まで歩いてくるにしたがって、時が経ってここ、すなわち現代にたどり着いたと想像してほしいのです。

では、どのへんで人間がこの地球上に現れたでしょうか？　地球の誕生からの46億年を460メートルの距離にして、人類誕生はだいたい400万年前という説がありますが、それがどのくらいの距離になると思いますか？

答えを言ってしまうと40センチです。谷町六丁目駅から歩き始めて隆祥館書店の1階にきても、まだ人類は誕生していないのです。私が今立ってる演台を現在とするなら、この会場のドアを入っても人間は地球にはいない。みなさんの間を歩いてきて、いちばん前の席のところまで来ても、人間はこの星にはいない。私からわずか40センチのところに来て、ようやく人間がこの星に生まれたと。それほどの短い距離、すなわち時間です。

そしてさらに、人間がこの星でエネルギーをたくさん使い始めたのは、産業革命の時代、今から200年前ですけど、では、私たち人類が生まれてどのへんで産業革命が起きたでしょうか？

これも答えを言ってしまうと、0・02ミリ。

よろしいでしょうか。谷町六丁目あたりで地球が生まれ、ずーっと来て、私から40センチのところでようやく人間が生まれて、0・02ミリという目で見るのも難しいぐらい短距離の間に、猛烈にエネルギーを使うようになったということです。

そして、人間が猛烈にエネルギーを使い始めたことで何が起こったかというと、他の生物を絶滅に追い込みました。生物ですから絶滅するのは仕方がありません。数千万年前まで、この地球を恐竜が支配していましたが、その恐竜だって絶滅しました。どんな生き物も生まれては絶滅するのは当たり前のことです。しかし、西暦1800年ごろに産業革命が起きて、人類が猛烈にエネルギーを使うようになったと軌をおなじくするように、絶滅に追い込まれる生き物が猛烈に増えてきています。

この星には、様々な生物が生きています。植物が生きて、それを動物が食べて、動物が死ねばバクテリアが分解して、そしてまた植物の栄養になるというように、たくさんの生物が織物でも織るかのように、お互いを支え合って生きている。その星で、本当に刹那的に生きてきた人間という1つの生物種が、膨大なエネルギーを使って、他の生き物を次々と絶滅に追い込むということをやってしまっている。

こんなことをすれば、いずれ人間は絶滅するということになるのだと思います。

その人間は産業革命を起こしましたし、放射線というものも発見をしました。それによって自分自身を被曝させるというような時代に入ってしまいました。

放射線を発見した人は、レントゲンという人でドイツの物理学者です。

このレントゲンが自分の実験室で、陰極線管という実験を始めました。テレビのブラウン管と同じようなものです。そして、ある日、不思議なことに気が付きます。陰極管のスイッチを入れると、別の場所で光が発生しました。なんなんだ、不思議だということで、レントゲンがその光のことを「X線」と名付けました。不思議な光ですね。

そうなると、不思議な光がなんなのかという正体を突き止めたいと思う人たちがたくさん出てきます。いちばん有名な人たちは、ピエールとマリー、キュリー夫妻です。猛烈に頭のいい人たちです。その人たちが、X線てなんなの？　という正体を突き止める。しかし、そのあいだに彼らは、放射能、放射性物質と呼んでるものを手に入れるわけですが、それをポケットに入れて、自宅に持ち帰ったりする。いかんせん、彼らだって、放射線が何か知らない。その正体を突き止めようとするわけです。どれほど危険なものかも知らず、ポケットに入れて歩いていたら、皮膚にやけどをしてしまう。そして、ある日、ピエールは、体がぼろぼろになって、倒れるように道路にふらふら出ていって、馬車にはねられて死んでしまいます。マリーのほうは白血病になって、やはり死んでしまうことになります。

たくさんの人たちが、そうやって放射線を突き止めようとして、命を失うという時代が続きました。そういう悲惨な歴史の中で放射線というものは、恐ろしいもの、たくさん被曝をすると、死んでしまうということも分かってきました。

いったい人間はどれだけ放射線に被曝すると死ぬかという図があります。被曝による急性死亡率というのは2とか8とか全身の被曝線量で示します。数値の単位はグレイです。みなさんは、福島第一原発の事故後、シーベルトという単位を聞かれると思いますが、シーベルトとグレイは基本的に同じだと思っていただいて、今の場合はかまいません。そして、いちばん下の2グレイから4、5、6、7、8グレイというように被曝量が増えるにしたがって数字が大きくなっていく。そして、それぞれの数字に対して0パーセント、50パーセント、100パーセントという数字を示していますが、これが急性死亡率です。

つまり2グレイ被曝をすると、死ぬ人が出始める。倍の4グレイになると、半致死線量と言いますが、50パーセントの人が死んでしまうと言われている。で、8グレイになると、もう100パーセントの人が死ぬというのが、キュリー夫妻たちの経験を経て分かってきた被曝の危険度です。

そして、このことを実証するできごとが日本で起こりました。1999年、茨城県東海村のJCOで臨界事故が起こりました。田畑や森なんかがあって、家もある区域にある工場でどんなことをしていたか。真ん中に大きな容器があり、その容器を挟んで2人の労働者が仕事をしていました。右側に立っていたのがOさんで、容器の上に立っていたのがSさんでした。2人はステンレス製の容器に入ったウラン溶液を大きな容器へ移し入れるという作業をしていました。

じつは、この作業は事件前日の9月29日から始まっていました。ステンレス製の容器7杯分のウラン溶液を大きい容器に移すという仕事でした。29日のうちに4杯分を入れました。でも、その日は何も起こりませんでした。2人は仕事を終えて、それぞれ家に帰りました。そして、次の日にまた出社して、残ってる3杯を入れようと、仕事を始めました。1杯目、2杯目と入れても何も起こりませんでした。最後の3杯目を流しこんだ時に、大きな容器の中でウランの核分裂反応、私たちが臨界と呼んでる現象が起きてしまいました。願いもしない、そして計画もしないで起きてしまったということで、臨界事故という名前で呼んでいます。

ウランが、核分裂の連鎖反応を始めた。たくさんの放射線が飛び出して、OさんとSさんは被曝します。そして倒れました。すぐに救急車が呼ばれ、まず、国立水戸病院という大きな病院に連れていったのですが、被曝をしている、すなわち放射能で汚れているかもしれないとして、受け入れを拒否してしまいました。それで2人はヘリコプターで千葉市にある放射線医学総合研究所という被曝治療の専門病院に連れていかれました。

そこで、2人がどれだけ被曝をしたのかを調べました。その結果、Oさんは18グレイ、Sさんは10グレイの被曝をしていると分かりました。先ほど8グレイの線量を被曝すると人は100パーセント死んでしまうと言いました。なのに2人は18とか10という被曝をしているわけです。被曝治療の専門病院ですから、彼らは助からないということが分かってしまう。

そこで放射線医学総合研究所も彼らの治療はできないとなった。それからどうしたかというと、日本の医学界が総出で彼らを助けようとなったのです。今までの経験だと、もうこれは決して助けることができないんだけど、とにかくやってみようということで、2人を東大病院に連れていきました。

　東大病院ではOさんの体を包帯でぐるぐる巻きにして、治療に当たりました。しかし、体液がじゅくじゅくと出てきてしまう。毎日、毎日、その包帯を医者と看護師が数人で何時間もかけて、剥がし、ほどいて、そして、また新しい包帯を巻くという作業を続けました。皮膚からだけでなく下血と下痢でも体液が失われていくわけで、1日に10リットルを超す輸血と輸液をしながら、彼を助けようとしました。天文学的な鎮痛剤を与えたと記録されています。

　従来の科学の治験でいうと、8グレイ以上の被曝をした人は2週間しか生きることができませんでした。

　でも日本の医学界がとにかく彼らを助けようとした。これらはNHKスペシャルで『被曝治療83日間の記録』として放送され、書籍化されたのが『朽ちていった命』（新潮文庫）です。隆祥館書店に置いてありますか？

二村　はい、置いています。

小出　たいへん優れた本です。1ページ読むごとに辛くて閉じてしまいたくなるほどですけど、ぜひお読みいただきたいと思います。

　結果、Oさんはその年の12月に、Sさんは翌年4月にお亡くなりになります。

こういう放射線の危険性は、長い歴史を経ながら分かってきたわけですが、そういう過程でたくさん被曝をすれば、人が死んでしまうということも分かりました。死んでしまわないまでも、こういう巨大な破壊力を持った放射線であれば、必ず影響がある。ＤＮＡを傷つけてしまうということは避けようもないということが分かってきたわけです。現在の学問の到達点に「ＢＥＩＲ Ⅶ報告」というのがあります。これはバイオロジカル・エフェクツ・オブ・アイオナイジング・レイディエイションという英語の頭文字の訳です。つまり電離放射線の生物影響を調べるという委員会が米国の科学アカデミーの中にあって、それが２００５年に7番目の報告を出しました。

こう書いてある。

「利用できる生物物理学的なデータを総合的に検討した結果、委員会は以下の結論に達した。被曝のリスクは低線量にいたるまで、直線的に存在しつづけ、閾値《しきいち》はない」

閾値というのはこれ以下なら安全だという値です。しかし被曝に関する限り、そういう安全ラインはない。どんなに微量であっても被曝のリスクはあるんだということを、この委員会がはっきりと書いてるわけです。

福島の事故を受けた今も、国や電力会社など原子力を推進する人たちは、被曝の量が少なければ、たいしたことない、安全なんだ、安心しろというような宣伝を毎日のように流しています。そして、今も、あとで聞いていただくように、汚染地帯に人びとを見捨てるということをしてしまっているのです。まったく間違ったやり方だと思います。

被曝というものはどんなに微量でも危険があるということをまず認めなければいけないと思います。こういう放射線の危険度を知りながらも、人類はエネルギーがほしいと、豊かな生活をするためにエネルギーが必要なんだという考え方から抜けることができなくて、ついに原子力というものにも手を染めてしまいました。

私が原子力に夢をかけたころ、どんな将来像が描かれていたか、例として新聞記事を紹介します。「原子力を潜在電力と考えると、まったく、とてつもないものである。しかも、石炭などの資源が今後、地球上から次第に少なくなっていくことを思えば、このエネルギーの持つ威力は、人類生存に不可欠なものといって良いだろう」

どうでしょう？　みなさん本当だと思いますか。今でも、日本の政府、電力会社、マスコミはこういうことを宣伝してるわけですから、ほとんどの人たちは、これを今でも信じてるんだろうと私は思います。

私自身もこの宣伝を完璧に信じました。そして原子力に夢をかけて、工学部原子核工学科というところに進学してしまいました。

つまり、化石燃料が枯渇してしまうから、将来は原子力だという考え方ですね。でも、それはまったく嘘だったわけです。そしてこの新聞記事は後半があります。

「電気料金が2千分の1になる」

会場　笑

小出　値段も付けられないぐらい安くなると言われた時代がありました。でもならなかった。日本は世界一高い電気代の国になってしまいました。

さらに、この新聞記事はこうです。

「原子力発電には火力発電のような大工場を必要としない。大煙突も貯炭場もいらない。また毎日、石炭を運び込み、焚きガラを捨てるための鉄道もトラックもいらない。密閉式のガスタービンを利用できれば、ボイラーの水すらいらないのである。もちろん、山間僻地を選ぶこともない、ビルディングの地下室が発電所になる」こんなことが言われた時代があったのです。原子力発電所に行かれた方もいらっしゃるかと思いますが、まことに巨大な工場です。火力発電より、はるかに巨大な工場です。けっして都会には建てられないんで、僻地を選んで押し付けることになりました。もし、ビルの地下室が原子力発電所というなら、このビルの地下に作ってくださいと私は思うけれども、けっしてそんなことはできなかったというのが原子力の歴史でした。

まさに幻でした。でも、みんながこうして原子力に突き進んでしまった。

その原子力発電でやっているのは、非常に単純です。２００年前の産業革命の時に、ジェームズ・ワットたちが作った蒸気機関そのもので、お湯を沸かして機械を動かすというたいへん古めかしい道具と同じなのです。真ん中に繭のような形の原子炉圧力容器があってその中に水が張ってありまして、そこでウランを核分裂させる。つまり燃やすと熱が出てきて、水が沸騰する。蒸気になって吹き出してきて、タービンを回して発電すると。これだけです。つまりお湯を沸かすということをやってるだけなんです。それでも、この原子力発電所だけはけっして都会に建てられない。なぜかと言えば、ここで燃やしているものがウランだからです。ウランを燃やす、すなわち核分裂させれば、核分裂生成物という「死の灰」がどうにも避けられずに溜まってきてしまう。いったい、どれだけ溜まってくるか。

広島の原爆が炸裂した時に燃えたウランが８００グラムです。ペットボトルの水が５００グラムですから、どなたでも手で持てるぐらいの量のウランが漏れたがために、広島の街が一瞬にして壊滅してしまう。それだけのエネルギーが出たのです。

核分裂とは猛烈なものだと私も思いました。そんなエネルギーを人類のために使えば、きっと役に立つと思い込みました。しかし原子力発電をやるとなるとどれだけのウランを燃やさなければいけないのか。今日では１００万キロワットという巨大な原子力発電所が標準になりましたが、その発電所１基を１年運転させるためだけに、１トンのウランを核分裂させなければいけないということになりました。

つまり、広島の原爆で核分裂させたウランの千倍を超える量を燃やさなければ、発電できない、そういう機械なのです。

原発には大量のウランが必要になってしまう。しかし、地球上にあるウランは限られています。１つ１つの発電所が、毎年、毎年、これほどまでにウランが必要だとするとウランがすぐに無くなってしまうということに気が付きました。化石燃料が無くなるから、原子力だとなったのに、化石燃料よりもずっと前にウランの方が無くなってしまうということに研究者は気付きました。それでも原子力を進める人たちは、化石燃料が無くなるから原子力だという宣伝を続けている。そういう状態になってしまっているのです。

そして、もう１つ深刻なことは、８００グラムのウランが燃えたということは、８００グラムの核分裂生成物ができるということです。１トンのウランが燃えたということは、１トンの核分裂生成物ができるということです。１つの原子力発電所が毎年、広島に落とされた原爆の千発分を超える核分裂生成物というものを生み出して、それを原子炉の中にため込んでいる。

こんな発電所が万一でも事故を起こせば、たいへんなことになることは分かっていました。なんとか私は大きな事故の前に、発電所を止めたいと思っていたわけですが、止められないまま、福島の事故が起こりました。

２０１１年の暮れには、当時の野田首相が、事故の収束宣言を出したわけですけれども、収束どころではないのです。

1号機から3号機までの熔けた炉心がどこにあるかすらも分からない。ただひたすら水をかけることしかできない。水をかければ、汚染水が溢れてきます。その水がタンクにいっぱいになってしまって、近い将来、海に流されざるを得なくなるだろうと思います。

そして4号機について言えば、広島原爆1万発を超える死の灰を抱えながら、使用済み燃料が宙ぶらりんのようなかたちで存在しています。まだまだ事故は進行中なのです。

IAEAという国際的な原子力推進団体に対して日本国政府が出した報告書には、福島第一原発から放出したセシウム137の量は、広島原爆の168倍だと書いている。ご存じのように日本国政府や東京電力というのは、福島第一原発は安全だとお墨付きを与えた張本人です。この事故を引き起こした重大な責任がある組織ですし、私はむしろ犯罪者だと思っています。で、犯罪者が自分の罪を重たく申告する道理はないのです。なるべく軽く見せようとして、はじき出した数字が広島原爆168発分だというのです。

そして大気中にまき散らされた放射能がどうなったかといえば、風に乗って流れてあちこちを汚染したのです。

事故当初は、北風が吹いた日がありました。その時に放射能の雲は南に流れていって、福島の浜通りを汚染しました。県境を越えて茨城県の北部を汚染し、一時期、太平洋に抜けたのですが、また茨城県の南部で陸地に戻ってきて、霞ケ浦の周辺や千葉県の北部を汚染し、さらには東京の一部を汚染するということになりました。

ある日は南東の風が吹いていた時がありました。その時は放射能の雲は北西へ向かって流れていきました。そして、この日に雪と雨が降りました。放射能の雲が雪と雨で洗い落とされて、猛烈な汚染地帯を作りました。

私は先ほどから、汚染とか汚したと言っていますけれども、少し数字を聞いていただこうと思います。

福島県の中通りの汚染の強いところで1平方メートルあたりセシウムが10万ベクレルから30万ベクレルある。その外側は1平方メートルあたり6万ベクレルから10万ベクレルのセシウムがあると日本政府が言っています。さらに外側の群馬県の西部とか、福島県の会津、岩手県の南部、それに茨城県の南部、千葉県の北部一帯、東京の一部、こういうところは1平方メートルあたり、3万ベクレルから6万ベクレルのセシウムで汚染されたと日本政府が言っています。

でも、この数字を聞いてもぴんと来ないだろうと思いますので、比較の数字を1つ聞いていただきます。

私は京都大学原子炉実験所というところで働いています。そのため、私は法律的にいうと放射線業務従事者ということになっています。みなさんは1年間に1ミリシーベルト以上の被曝をしてはいけないと日本の法律で決められているのですが、私は1年間に20ミリシーベルトまで我慢しろと言われている特殊な人間です。

でも、まあ給料をもらっているので、しょうがないとあきらめて、その法律にしたがって、今日まで来ました。そういう特殊な仕事をしているわけですから、放射能を扱うことがあります。そこは放射線管理区域といって、特殊なドアで閉じられています。仮にそこで作業した場合には、体が汚れていないかどうか、ちゃんと調べない限りは、ドアが開かないというシステムになっているのです。では、いったいどれだけ汚染すると外に出ることができないかというと、1平方メートルあたり4万ベクレルなんです。もし私が着ていた実験着が、1

平方メートルあたりに換算して4万ベクレルを超えて汚染されていれば、私はその実験着を脱いで、管理区域の中に捨てて来なければいけない。放射能で汚れたごみとして、捨てなければいけない。そうなっているんです。

1平方メートルあたり4万ベクレル。つまり、それを超えるような汚染物は、放射線管理区域の外側に存在させてはいけないというのが、日本の法律だったんです。

でも、福島県では1平方メートルあたり6万ベクレルを超えて汚れている。私の実験着ではありません。大地全部がそこまで汚れている。想像してください。この建物が全部、汚れている。道路に出れば、道路が汚れている。森だって、田畑だって、なんでも全部が汚れている。福島県の東半分を中心にして、宮城県の南部と北部の一部、茨城県の北部と南部、栃木県と群馬県の北半分、千葉県の北部、埼玉県、東京都、新潟県の一部というようなところを放射線の管理区域にしなければいけないというほど汚れているのです。

先の戦争で日本は負けました。でも、国破れて山河ありでした。国家なんてものが戦争で負けても、大地があれば、ちゃんとそこで生きていかれるということで、日本という国は生き延びたんです。しかし、放射能で汚れた土地は失われるしかない。戦争でも起きないような悲惨なことが、今、目の前で進行している。

こうした福島第一原発の事故を引き起こした責任はいったい誰にあるのでしょうか。

もちろん、重い責任は国とか、東京電力、原子力産業、マスコミ、司法、原子力推進派の学者という人たちにあると思います。では、みなさんはどうなんでしょう？戦争の時の大本営発表と同じように、国が原子力が必要だと言っていました。電力会社やマスコミも一体になって原子力は安全だという宣伝を流していたわけです。今日、この会場に来て下さっているみなさんも、原子力はまあいいんじゃないかぐらいに思ってこられたのではないかと思います。

騙されたという言い訳はできると思いますけれども、騙されたんだから私は無罪だというなら、きっとその人はまた騙されるということになると思います。

こんな取返しのつかない世界の中で、私がやりたいことは2つです。

子どもを被曝させないということが第一。そして第二番目に一次産業を守るということです。

今日は二番目のほうを話す時間はないのですが、一番目の子どもを被曝から守りたいという理由は簡単です。今、聞いていただいたように、私は日本人の大人にはすべて責任があると思っています。今日、この会場に来てくださった方々、たいへん私はありがたいとは感じますけれども、でもみなさんにも責任があると思いますので、少しきつい言い方をします。みなさんを、被曝から守りたいとは考えていません。大人はもう諦めるべきだと思っています。でも、子どもには原子力を選んだ責任はありません。その上、子どもというのは、放射線の被曝に対してたいへん敏感なのです。

人間は年を取っていくと、被曝に対して、どんどん鈍感になっていきます。もう細胞分裂もしない、遺伝情報を複製しなくてもいいとなっていくわけですから、30歳ぐらいから被曝の危険度は急激に低下していき、55歳にもなれば30歳時の危険度に比べて、それは70分の1、80分の1に減少します。この会場に55歳を超えた方、たくさんいらっしゃるように見えますが、そういう方がたは、もう被曝は怖くないと。

会場　笑

小出　怖くないというのは嘘ですね。もちろん、危険はあるので怖いわけですが、急激に鈍感になっていくのです。でも逆に子どものほうはたいへんです。赤ん坊なんて、30歳の危険度の4倍も5倍も危険なのです。0歳、5歳、10歳というような、これからどんどん成長していく子どもたちが、いちばん被曝の危険を負わされるということになってしまいます。

　そして、彼らには原子力を選んだ責任、福島の事故を引き起こした責任がないのです。

　こんな理不尽なことは、とうてい許せないと私は思います。なんとしても、この子どもたちの被曝というのを、減らすことをこれからやりたいと考えています。

　最後に見ていただきたいのが、この関西の地図です。大阪の北、福井県に大飯という原子力発電所があって、ここに福島での汚染地図を重ねました。大飯の原発が、もし福島の原発のような事故を起こしたら、どうなるだろうということです。

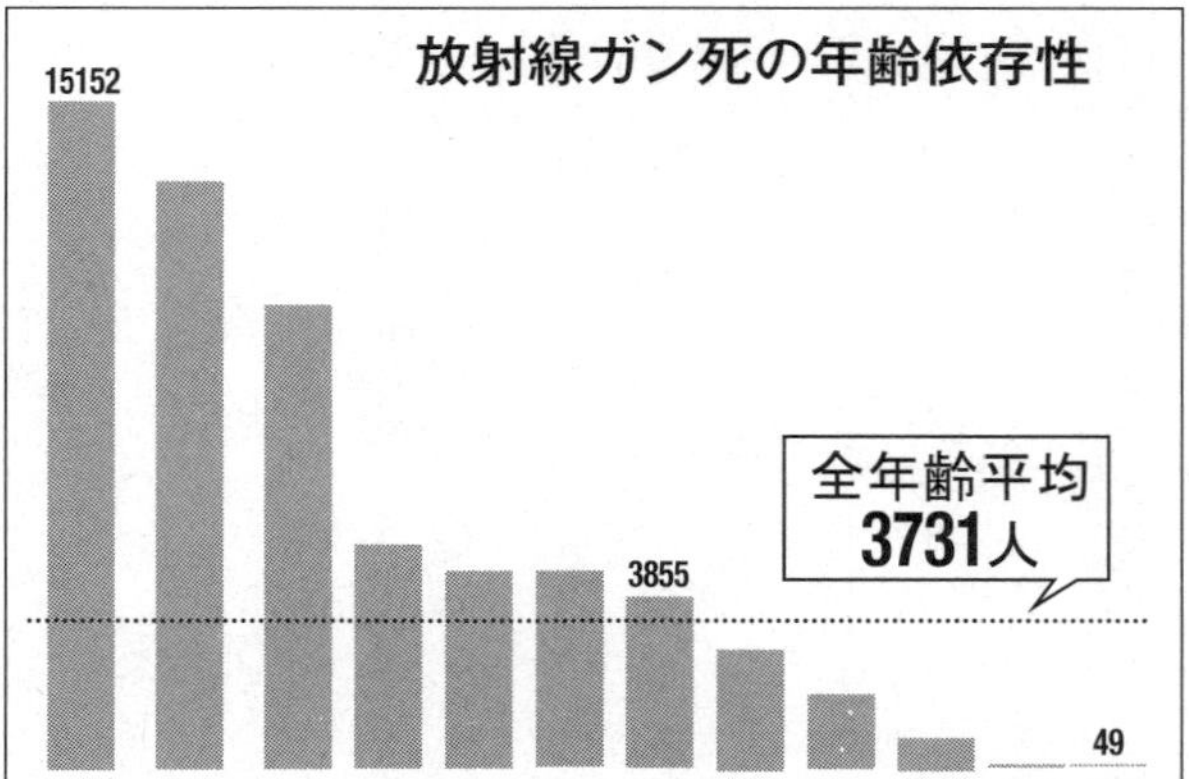

被爆によりガンで死ぬ人の数は、被曝した集団全体の総被曝量に比例すると考えられている。仮に50万人が年間で各20ミリシーベルトを被曝すると、その総被曝量は「1万人シーベルト年」となる。この50万人のうちガン死する人数を年齢別に試算したグラフ。50万人の0歳児が年間20ミリシーベルトの被曝した場合、1万5152人がいずれガンで死ぬことになる。その危険性は年齢が上がるにつれ、低下することが読み取れる（ジョン・W・ゴフマン『人間と放射線』＝2011年、明石書店＝より小出が作成）

すると、この大阪も放射線の管理区域にしなければいけない汚染を受けてしまう。紀伊半島の、もう南端に近いところまで、そういう汚染地帯が広がってしまうんです。

大阪にだって、子どもたちがいます。みなさんのお子さん、お孫さんだっているでしょう。同じように福島だって、子どもたちがいる。そういう想像力を働かせてもらえればと思います。

今日、呼んで下さった隆祥館書店の二村さんが好きな言葉というのが情熱だそうです。「人を動かすのはお金ではなく、そこに傾ける情熱だ」ということで、二村さんがずっと本屋を維持して、今日、この集会も作ってくれたんだと思います。

私の知り合いで、かつて、公害Ｇメンと呼ばれた田尻宗昭さんという人がいます。巨大な公害企業を摘発して闘った人ですけれども、彼がこんなことを生前に言っていました。「運動というものは、どんなにメンバーを並べて、どんなに規約を綺麗に作っても、どんなに表面を飾っても、問題はその中の１人が、命がけでやることであります。その中の１人が、燃えて燃えて立ち上がらなかったら、その運動というのは成立しない。運動は数ではない。１人です、２人です、３人です」と彼は言いました。

今日、この会場に１００人を超える皆さんが、参加して下さっていると思います。でも、みなさん、１人、１人が燃えて、何かをやることがすべての始まりになると思います。数の多さではない。みなさん、１人１人の思いというものが、いちばん大切だと私も思います。

今、まだ、福島の事故は収束もしていないし、たいへんな苦難が、広がっています。みなさんが、どのように、この今の時を生きるかということを自問しながら、この時を過ごしていただきたいと思います。ありがとうございました。

会場　拍手

二村　ありがとうございました。それでは、参加者の皆さんに書いていていただいた質問をいくつかお読みして、小出先生にお答えいただきましょう。まず、生野区から来られた方からのご質問です。「海外では、原発から80キロメートル圏外への移動を指示したのに対し、日本は圏内で瓦礫処理もしていました。何かおかしいと思うのですが、いかがでしょう?」

小出　もちろん、まったくおかしいです。「海外では」とご指摘くださったのは米国のことだと思いますが、米国は、あの事故が起きてすぐに半径80キロメートル以内にいる米国人に対してすぐに逃げろという指示を出しているんですね。それにも関わらず、日本というこの国では、20キロ圏内の人は逃げろとか、30キロの人は自主的に逃げろとかいう、そんな指示しか出せなかったのです。まことに無能なというか、困った政府だと思います。また、がれき処理の問題でも、ほとんどやるべきことをやらないまま、汚染を放置して、人びとを被曝させるということをやり続けているわけです。皆さんは何か、日本というこの国が、科学技術立国で、すぐれた国だと思われているかもしれませんけれども、それが誤解なんです。

日本は、わずか150年前まで鎖国していたんです。西洋文明なんてなかった。近代科学技術でいえば決定的な後進国なわけですし、敗戦もあって原子力研究の一切を禁じられるという制裁を受けて、まったくの後進国なんです。

だから、事故が起きてしまっても、ほとんど成すすべもないまま、人びとを被曝させてしまったし、今も、ほとんど何もできないまま、被曝は続いている状態になっています。

二村　ありがとうございます。大阪でも瓦礫を引き受けたんですけれども、放射能はどんなに少なくても害がまったくないということはないのですね。もう少しだけ詳しく教えていただいていいですか？

小出　はい。瓦礫問題というのは、ちゃんと話そうとすると、今日のような会をもう一回開いていただかなければいけないほどの重要な問題だと思っています。今日、この会場にも、瓦礫の焼却に反対する運動をしてきて下さってる方もいらっしゃると思います。

私は瓦礫を全国にばらまいて焼却をすることに、明確に反対です。今、日本国政府はやってはいけないことをやっています。

放射能というのは、特定の場所で、専用の容器に閉じ込めるのが大原則なんです。あちこちに移動させるようなやり方は完璧に間違い。それをお断りした上で、私は実は、住民の方々と違うことを発言しています。

私は大阪で引き受けてもいいと言っています。全国で引き受けてもいいと、私は発言を続けてきているのです。なぜかというと、私がやりたいことは、さっき見ていただいたように、子どもを被曝から守りたいということなんです。私が子どもと呼ぶときには、大阪の子どもも東京の子どもも子どもです。九州だって福島だって、子どもは子どもなんです。そういう子どもたちの被曝をトータルで、私は減らしたい。でも、今、このでたらめな日本という国が、瓦礫を放置して野ざらしにしている。そうなれば、野ざらしにされている地域の子どもたちだけが被曝をしているのです。どうすればいいかと言えば、汚染地帯に焼却施設を作って、そこで専用に焼却して、出てきた焼却灰というのを専用に閉じ込めるのが、いちばん原則に則った方法なのです。けれども、それを日本国政府がやらないで放置している。そのことで、子どもたちが被曝をし続けてしまっているのが現状ですから、なんとしても、それを少しでも減らさないといけない。そのために、全国の焼却炉で引き受けるという選択はあり得る、と私は発言しています。

ただし、そのときに、必ず満たさなければいけない条件が2つあります。まず1つ目は、普通の焼却施設は放射能を焼くなんてことを想定していませんから、そういう焼却施設で焼くと、煙突から放射性物質がまき散らされる可能性があります。それを制御する。つまり、専用のフィルターを取り付ける、あるいは、今あるフィルターの性能を確かめてからでないとやってはいけない。それがもしできるならば焼いてもいい。そうすれば周辺の人びとの被曝は、極力避けることができると思います。

その上で、焼いた焼却灰が出てくるわけですね。猛烈に放射能が濃縮された焼却灰が出てくるわけですが、日本政府は、それは勝手に自治体が埋めろと言ってるんですね。大阪府の場合は、舞洲なんかに埋めてしまおうとしているわけですけど、そんなことはやってはいけない。

放射能のゴミは放射能のゴミとして専用に管理しなければいけないのです。では、専用のところというのはどこなのかと言えば、皆さん、考えてください。もともと今、汚染と呼んでいるものは、東京電力福島第一原子力発電所の原子炉の中にあったものなんです。東京電力の所有物なんです。それを東京電力がばら撒いたんです。で、今、人びとが苦難のどん底に陥ってるわけですけど、それをせっかく集めたのであれば、それは東京電力に返せばいい。

それぞれの自治体が引き受けるなんてことはやってはいけないのであって、東京電力に返す道筋をつけるのが、実際の役割なんだと思います。

二村　あくまで子どもたちを守るためなんですね。

小出　そうです、それだけです。はい。大人はいいんです(笑)。

二村　次の質問なんですけれども「2度も被爆した国として、どんなかたちであれ、原子力は使うべきではないと思います。しかしながら、エネルギーがなければ、人間の生活、ライフスタイルを保つために、どんなエネルギーがあるかを、知りたいと思います」。この質問、けっこう多かったんですけど、替わりにどんなエネルギーがあるんですかって心配されています。

小出　そうですね、まず、この話からしましょう。

ウランは、どっちにしても無いんです。地球上にあるウラン資源は貧弱で、石油に比べても数分の1、石炭に比べたら数十分の1しかないんです。

ですから、もともと原子力に夢をかけたなんてことは間違えていたわけで、原子力はどっちにしてもダメになります。

では、石油、石炭、天然ガスという化石燃料はどうかと言えば、かなり大量にあります。私たちのようにこんなにぜいたくに、エネルギーを使うという世界になっているわけですけれども、こういう世界が数百年間続いても化石燃料は足りるだけあります。ですから、エネルギーが枯渇するという心配は当面はする必要がまずありません。ただし、ウランが無くなるように、いつか化石燃料だって無くなってしまう。そういうときにどうするのかというなら、もう解決方法は1つです。それは太陽です。

太陽のエネルギーをどうやって私たちがうまく使えるかということを考える以外に、他の選択肢はないんです。風力も太陽エネルギーが変換されたものですから、どうやってこれをうまく使えるかを一刻も早く考えるべきでしょう。

ただし、その上で、もう1つ聞いていただきたいことがあります。このような生活を人間が始めてしまったがために、他の生き物をどんどん絶滅させています。その先は人間自身が絶滅してしまいます。こんなエネルギーの使い方そのものが間違っているわけですから、今はエネルギーを使わないで、どうやって私たちが幸せに生きられるかということを考えなければいけないと思うのです。

私は、日本人の1人あたりのエネルギー消費を2・5分の1か3分の1に減らせと言っています。今、私たちは1人1日あたり12万キロカロリーのエネルギーを消費しています。12万キロカロリーといってもピンとこないと思いますが、私たち人間は、だいたい2000キロカロリーの食べ物があれば生きられるんです。それなのに、私もみなさんも12万キロカロリーものエネルギーを使っている。60人の人間が生きていけるエネルギーを1人で消費している。本当に異常な世界にすでになっているということに気が付かなければいけない。もっとエネルギーを減らしても、豊かに幸せに生きられるという、社会そのものを作っていくということが、いちばん大切なことだと思います。

二村　ありがとうございます。これで最後の質問なんですけれども、「情報が隠されがちです。我われ、一般人はどこから放射能や原発の情報を得ればいいんでしょうか？　特に具体的な情報ツールなどお薦めがあれば教えてください」。

小出　すみません、私にもわかりません。

会場　笑

小出　みなさんもご存じだと思いますが、私は40年以上にわたって原子力発電を止めろと発言をしてきた人間ですけれども、マスコミはいっさい取り上げなかったです。事故があれば、私の意見を聞きにきたりすることはありましたけれども、ほとんどは私のことなんて無視して、メディアも含めた巨大産業がみんなで原子力発電をやろうと言ってやってきたんです。原子力にかけた夢があって、さきほどの紹介したのはたまたま毎日新聞でしたけれど、他紙も全部、同じように原子力がすばらしいと言っていた。

で、福島の事故があって、ちょっと風向きが変わって、私の話を聞きに来てくれるマスコミもありました。けれどもまたそれもどんどん減っていって、福島の事故を忘れさせてしまおうというようにマスコミが

町の本屋からの熱いオファーにこたえた小出（右）

動いているように、私には見えます。

皆さんご存知かもしれませんが、大阪には毎日放送の「種まきジャーナル」というラジオ番組があって、かなり長い間にわたって、私の発信を恒常的に電波に乗せて流してくれていました。しかし、その番組もとうとう潰されてしまったのです。今、「種まきジャーナル」に替わる番組をラジオ・フォーラムという新しい組織を立ち上げて、庶民の力で、それを維持しようとやっています。もし、みなさん、ご興味があればラジオ・フォーラムというので、探していただければ、ネットでも聞けると思いますし、ラジオでも日本全国何十局でそれが流れていると思います。（注：ラジオ・フォーラムは2016年に終了し、その後、『市民のための自由なラジオLight UP!』となって放送され、今では自由なラジオを支えてくれていた女優の木内みどりさんが『木内みどりの小さなラジオ』を、西谷文和さんが『路上のラジオ』を放送してくれている）

二村　私自身も、大震災の前からツイッターを始めていたんですね。で、それで、落合恵子さんから、総理官邸前で原発反対のデモを1万人ぐらいでやっているというのを聞いていたのに、まったくテレビのニュースでは何も言わなかったんです。それまで、日本の報道の自由度が世界的にこんなに低いとは知らなくて、驚いたんです。それでも小出先生のお話を聞いて、絶望せずに情熱を持って志でつながっていけたら、変えていけるんじゃないかと思うんです。私にも娘がいます。先生がおっしゃったように、小さな赤ちゃんや子どもたちを私たち大人がちゃんと守っていかないといけないという義務があると思います。今日は、先生、ありがとうございました。

［了］

小出裕章トークイベントは安易な盛況や共感ではなく、納得で終了した。参加者は、一様に原発の真実と自らの責任を目の当たりに突きつけられて、かつての長浜のように引き締まった表情で関電ホールをあとにしていった。

イベントの途中、小さな事件が起こった。先述したように知子は会場使用の申請用紙に小出の名前を書かずに講演会とだけ記していたのだが、異変に気がついたのか、守衛が写真を撮りに来た。さらにサイン会のときに参加者が、「このイベントを関電でやるとは、すごいな!」とネット上で呟いたのだ。これが拡散された。

後日、町会長が店に訪ねて来た。

「あんたんとこがイベントやりはった日なあ、関電の社長室の人がうちとこに飛んできたんよ。ほんで、『ああいう講演会で使われるのは困る』言いはるから、うちも言い返したんや。『それほんまのことやんか。あんたらも一緒に聞いて勉強したらええやんか』って」

町会長は文字通り町の自治のために闘ってくれた。それでもこの講演会以降、申請が厳しくなり、テーマによっては「その日はお貸しできません」ということも出て来た。現在も関電側のその基準がよく分からず、地域向けに作られたという会場の使用をひとつとっても改めて原発タブーというものがあることに知子は気づかされた。

2019年現在、6年前の小出の講演を振り返ると、原発の未来を恐ろしいまでに予見している。9月10日に原田義昭原子力防災担当相は、メルトダウンした原子炉の冷却に使われた水がすでにタンクに100万トン以上溜まっている現状を踏まえ、将来は「海に放出するしかない」と発言。

安全担保の以前にまず原発ありき、という汚辱にまみれた政治も再び露呈してきた。関西電力の役員ら20人が、高浜原発が立地する福井県高浜町の元助役から、総額3億2000万円の金品を受領していたことが、明るみに出たのである。受け取っていた期間は2011年から2018年の間で、福島では、仮設住宅で暮らす人もいる中、このような利権に群がる行為がなんの反省もなく継続していたことになる。電力会社が立地対策に地元に渡した予算が、元の会社の役員に戻ってくるというお手盛りの汚れた構図である。電気代という現代に生きる上では、税金に類するような性格のカネを原子力ムラの住民たちが、私的に山分けしていたわけで、美味しい思いをしていた当人たちは子どもたちを守るどころか、錬金術の源である原発を前にそれを止めることなど考えもしなかったのであろう。

原発再稼働を政府が諦めないのは、このような原発マネーによる利権と同時に、核開発の野望があるからという見方もされている。米国の科学者、エドウィン・ライマンは原子炉プルトニウムからでも核爆弾は製造できる、という指摘を行っている。

知子は小出のトークイベントをきっかけに、核兵器廃絶フェアを毎年8月に開催するに至った。2017年にはデンマークに本社を持つスポーツ用品メーカー、ヒュンメルとのコラボで長崎の被爆者、谷口稜曄《すみてる》さんの平和講演を「作家と読者の集い」第152回として敢行した。紹介した書籍は西日本新聞社が出した『谷口稜曄聞き書き原爆を背負って』である。

ヒュンメルは、企業ミッションとして「Change the World Through Sport（スポーツで世界を変える）」を掲げており、かつてタリバン政権下でスポーツを禁止されていたアフガニスタンの女子選手をサポートする意味で、アフガニスタンサッカー協会と契約を交わすなど、平和や人権に関する先進的な活動を続けていた。この年の8月には、「Pray with Hibakusha（被爆者との祈り）」と題して、JリーグのV・ファーレン長崎と平和祈念ユニフォームを制作したり、長崎原爆被災者協議会と協働で平和スニーカーを開発していた。そのモデルに選ばれたのが、16歳のときに長崎で郵便配達中に被爆し、以来、60年以上平和運動を継続して行っている谷口稜曄さんだった。

谷口さんをモデルに指定したこのユニークなヒュンメルの日本の総代理店がSSK、すなわち隆祥館書店の向かいにある会社であった。「Pray with Hibakusha」の大阪での展開先をさがす際に、SSKの社員が「近所に広島で被爆された方の本『ぼくは満

小出の講演から4年後、隆祥館書店で谷口の講演が実現した

員電車で原爆を浴びた』（小学館）の著者・米澤鐡志《よねざわてつし》さんのイベントとか、興味深いことをやっている本屋さんがあるのでぜひそこでやりましょう」と提案したことで、北欧のスポーツメーカーと谷町の本屋がつながった。13坪の隆祥館書店の地道な活動が地元を中心に認知されていった証左である。

２０１７年1月19日、爆心地から1・8キロの地点で被爆したという谷口さんは、入院していたときの体験を聴衆の前で訥々《とつとつ》と語った。

「看護士さんが、私の様子を見に来られては、毎日、毎日、まだ生きてる、まだ生きてると呟くのです」

この入院中に撮影された写真「赤い背中の少年」が発表されると世界に衝撃を与えた。原爆とはかくも酷い兵器なのか。我が身をさらしてもその非道さを訴えたいという谷口さんの覚悟の写真だった。

知子には、このとき谷口さんが紡いだ忘れられない言葉がある。

「私はモルモットではない。もちろん見せ物ではない。でも、私の姿を見てしまったあなたたちは、どうか目をそらさないで、もう一度よくみてほしい。私は奇跡的に生き延びることができましたが、今なお私たち被爆者の全身には原爆の呪うべき爪跡があります。私は、じっと見つめる、あなたの目の厳しさ、暖かさを信じたい。核兵器と人類は共存できないのです。私が歩んで来たようなこんな苦しみは、もう私たちだけで沢山です。世界中の人類は平和に豊かに生きて欲しい。そのために皆で最大の力を出し合って、核のない世界を作りましょう。人間が人間として生きて行くためには、地球上に一発たりとも核兵器を残してはなりません。私は核兵器が、この世から無くなるのを見届けなければ安心して死んで行けません」その夜は眠れなくなった。核廃絶に向けて、書店としてできることは何でもやっていこうと、決意した。

2017年8月30日、「作家と読者の集い」から9カ月を待たずして、谷口さんはがんによって亡くなった。

谷口さんの無念さをはらすように、知子は翌年の9月29日にノーベル平和賞を受賞した核兵器廃絶国際キャンペーン（ICAN）の国際運営委員である川崎哲《あきら》を招いた。第207回「作家と読者の集い」『核兵器は無くせる』（岩波書店）発刊記念である。

原発に反対しながら、原子力の研究を続けて来た反骨の科学者小出裕章、被爆者として身を挺して60年以上に渡って平和活動を行った谷口稜曄、そして核廃絶を訴える川崎哲。

小出の講演を振り出しにした「作家と読者の集い」のひとつの流れは、原発、核兵器、廃絶への道というようにテーマは繋がり、棚に並ぶ本も進化と深化を続けていった。

井村雅代は、言わずと知れたアジアのシンクロナイズドスイミングの母である。そして二村知子の半生に大きな影響を与えた恩師でもある。

日本代表のコーチとして、正式種目となったロサンゼルス五輪以降、6大会連続でメダルを獲得。アテネ五輪を終えて退任すると、2008年の北京五輪を控えた中国の水泳連盟から、代表監督のオファーが届く。開催国からの礼を尽くした就任要請は大きな名誉であった。井村は当時世界ランキング6位前後に低迷していた中国に初の銅メダルをもたらすと、続く2012年のロンドン五輪ではチーム種目で銀という更に大きな結果を勝ち取った。それのみならず、中国内の政治の枠を超えてチームをひとつにまとめるという、まるでイビツァ・オシムのようなスポーツを通じた民族融和さえやってのけた。日本人指導者として、大きな栄誉であった。

これがサッカーの世界であれば、日本の指導者が世界に認められたということで、協会をあげて力を発揮できる環境を整えたと思われる。しかし、当時の日本水泳連盟はあまりに狭量であった。中国を躍進させ、ロシアと並ぶシンクロの2大強国に育てあげて日本に帰国した井村に対して、しっかりしたポストを準備するどころか、干したのである。それでも井村は投げ出さなかった。妬みや嫉みなどの渦巻く世界で、闇に染まらず、指導者としての研さんを続けた。

その間、日本のシンクロは中国に後塵を拝し、低迷を続けていた。北京大会、ロンドン大会ともチームで5位。2大会続けてメダルを失っていた。水泳連盟はリオ五輪を迎えるにあたって、頭を下げるかたちで、井村に再びの代表監督就任を要請する。

承諾した井村は、ブラジルで2大会ぶりとなる銅メダルを日本にもたらした。現在は2020年の東京五輪に向けて、日本代表を本格的に指導している。

　知子が井村の新刊『教える力』（新潮社）が出ることを知ったのは、恩師がちょうど中国から帰国し、水連から不当とも言える仕打ちを受けていた頃で、イギリスから代表コーチとして招かれる直前であった。

「なんで連盟の人は、井村先生に然るべきコーチの任を与えてしっかりと支えないんやろうと思っていました。中国を教えていたんやから、中国の代表選手の弱点を一番知ってはるのは先生やないですか。それやのに外すようなことをされて……。私は先生が大好きやったから、納得できませんでした。そんな折に新しい本を出されるのを新刊情報で知ったんです。私が現役選手の時、井村先生は、本当に厳しかったんです。目標を達成する（メダルを取る）ためには、極限まで追い込まれることもあった。でも、必ず結果は出たんです。どんなに厳しく叱られても、この先生についていきたい、と思えました。シンクロをやめても、井村先生から薫陶を受けたことが、子育てにも自然と受け継がれました。先生から教わったのは、どんな状況でも決して諦めないこと。目標を達成するための心の持ち方、取り組み方だった。それらを、子育て中の親御さんや、目標を達成したいビジネスマンに、伝えることに意義があると思ったから「作家と読者の集い」に出ていただこうと思ったんです」

　知子は緊張しながら、電話した。いくつになっても井村の前では直立不動になる。

「先生、水臭いやないですか。うちは本屋やから、教えて下さいよ。うちでイベントやりましょう」

恩師は優しかった。「ええよ、知ちゃん、行ってあげる」。

かつて、あんたの限界は私が決める、と言った指導者との対話は緊張しながらも弾み、結果的にスポーツ界がはらむ様々な問題をあぶり出すことになった。それだけではなく、来場したアスリート志望の子どもから、ビジネスマン、子育て中の方に至るまで、あらゆる階層の人々が井村の唱える「1ミリの努力」に感銘を受けたという声を残していった。中学の教員時代には、やんちゃな生徒たちと体当たりで向き合い、自殺未遂をした子がSOSを井村にだけは送ってきたという。人を育て、時代や国境を越えて、その都度成果をあげた人物の言葉は、普遍性を放ち、聞く人すべての心に届く。

井村雅代さんを囲む会

語り手　**井村雅代**（シンクロナイズドスイミング・コーチ）
聞き手　二村知子
日時　2013・4・27
会場　関西電力上本町変電所ホール

二村　これまでに「作家さんを囲む会」として30回以上対談をさせてもらってるんですけど、今日は私にとってもシンクロナイズドスイミング（現アーティスティックスイミング、以下「シンクロ」）のコーチでもあった井村雅代先生です。私にとっては「先生」以外のなにものでもないので、いつも以上に緊張しています。現在は、中国代表チームの監督をなさっていて、お忙しいところをお越しいただきました。私が緊張していますので、会場のみなさんもよろしくお願いいします（笑）。

井村雅代（いむら・まさよ）
1950年大阪生まれ。中学生からシンクロをはじめ、選手として日本選手権で2度優勝。天理大学を卒業後、大阪で中学校の教員をしながら、堺市の浜寺水練学校でシンクロを教える。1978年から日本代表の指導に関わり、1982年からコーチ業に専念。1984年井村シンクロクラブを創設。五輪では日本代表を指導しロサンゼルス大会からアテネ大会まで6大会連続でメダル獲得。2008年北京大会から中国チームのヘッドコーチに就任。2009年からは松原市教育委員長を務める。著書に『愛があるなら叱りなさい』（幻冬舎文庫）、『あなたが変わるまで、わたしはあきらめない』（光文社知恵の森文庫）などがある。

二村　それでは先生、今日はどうぞよろしくお願いします。
まず、私この本『教える力』（新潮社）を

読んだんですけど、正直、びっくりしたんです。え、そんなことがあったん？ってぐらいに。サブタイトルがそのまま『私はなぜ中国チームのコーチになったのか』なんですけども、いろいろ聞いていていいですか？

井村 聞いてあかんかったら本を出しませんわね(笑)。

この本に書いたことは、全部ほんとのことなんですけど、私は「こんな酷い目にあった」とか「私はかわいそうな目にあった」とか「私はかわいそうな目にあった」とかそういう気は全くないんです。私は外から見たら、こんな好き勝手にしてる人いてへんわってぐらいに思われてるでしょ。「この人にはこわいもんも悩みごともない」みたいに思われてる方も多いんですけど(笑)。

そんなことはなくって、今63歳なんですけど、それまでに嫌なこともあり、うれしいこともあり、それがぜんぶあって今日の私がある、そういうところを伝えたかったんです。

もちろん、それは誰でもおなじで、なにかあるのが人生で、もし「なんにもなくて来たのよ」っていう方がいたら、それはその人の感じ方だけで、多かれ少なかれうまくいかないことがあった中で、自分らしさを貫き通すために頑張ったりされてきたと思うんです。それが人生の醍醐味で、生きるってことじゃないかと感じがするんですね。

だからこれを読んで、いろんなことがあったけども、それが人生だし、日本の水泳連盟のどこが悪いとかを訴える気はまったくなくって、いろんなことがあるのが人生で、それを超えるのが醍醐味やないですか。これを読んだ方が、「ああ誰でもいろんなことがあるのがふつうなんだ、だから私もがんばろ」とか、なにか難題が立ちはだかった時に「私は試されてるんだから、のり越えよう」なんて元気が湧いてくださったらいいかなと思って、この本を出したんです。

本題に入りますと、私は2004年までは日本のナショナルチームのコーチをしていましたが、その後に中国チームを指導することになりました。

2004年はアテネ五輪で、その後は、自分のクラブ（井村シンクロクラブ）に戻って教えていたんです。名前は自分の名前を付けてるくせに、自分は代表チームのコーチをしてばかりで、なかなかクラブの現場にはいなかったんですね。

でもクラブの若い子コーチたちががんばってくれて、日本で一番強いクラブをずっとキープしてくれてたんです。それで日本代表のコーチを退いて、恩返しの意味もあってクラブの選手やコーチたちを助けてあげようと思ったんです。ナショナルコーチを辞めても自分にはクラブがあるんですね。帰る家があるって幸せやなって思いました。それで、感謝は思ってるだけじゃダメなので、そこで再びコーチしようと教えだしたんですけど……。

2年くらい教えてると、「私って2004年までに得たことだけを教えてるんじゃないか。あれから進化してへんのとちゃうかな」とふと思いだしたんです。そんなこと言う人は誰もいませんでしたけど、自分自身の声がしたんです。そしたら「私は、まだまだ進化したい」と思ったんですね。

それで、2006年ごろに、日本以外の5つくらいの国からオファーが来たんです。その中で、なぜ中国を選んだかというと、じつはロシアの存在なんです。私は日本チームのコーチをしてるとき、打倒ロシアしか考えてなかったんです。ロシアの曲を聴いただけでむかつくぐらいに。

会場　笑

井村　なんでロシアに勝たれへんねんと。それまでに勝ったことはたった1回だけなんです。そのロシアは日本とちがって世界中にシンクロのコーチを派遣してるんです。いまは日本からもたくさん行ってますが、2006年当時に海外で教える日本人は一人もいなかった。日本流シンクロが世界に広まってほしいと思ってましたけれど、教えてるのがロシア人ですから、みんなロシア流になっていく。

日本流シンクロっていうのは、非常に技術が確かで、シンクロナイゼーション＝同調性がものすごくよい。長時間練習で鍛えあげるっていうのが特徴なんですね。そこに日本文化の味が入っているのが日本流シンクロなんですけど、それを広めてくれるコーチがだれもいなかった。

それで海外へ行こうと思って、中国からのオファーを受けたんです。じつは、そのときの中国チームはロシアのコーチが教えてたんです。だのに、地元開催の北京オリンピックを前に、なぜ私なのか。率直に聞いたんです、中国の水泳連盟に。そしたら、「このままでは勝てない。勝ちたいからオファーした」と言うんです。その誠意に動かされた部分もあるし、やはりアジアが強くならないとダメやと思ったんですよ。それまで表彰台に上がってるのはアジアで日本だけだったんです。そうじゃなく、金銀銅と3つメダルがあるんだからアジアで2つはとってもいいやろ。3つとるのはちょっとあつかましい(笑)。

そう思ったのは今も変わらないです。シンクロでアジアの一番は世界の一番ってなるのが夢で、そうなりたいと思ってるんですね。

2001年のとき、立花(美哉)・武田(美保)組が世界水泳選手権で日本のシンクロ史上で初めて金メダルを獲りました。そのエキシビジョンで台湾へ行ったときの感動が忘れられないんです。世界各国からメダリストが来る中で、新聞の一面に立花・武田組の練習時の写真が出たんですね。タイトルを読むと、「我われの仲間である、世

井村（右）の著作を手にする知子

界一になった日本の選手がこのエキシビジョンに来てくれた」と。アジアの選手がはじめて世界一になった、それはアジアの喜びなんだということを肌で感じたんです。

なのに日本人はそんな感覚ぜんぜん持ってなくて、ただ日本がすごいだけやと。そういう経験もしたので、やっぱりアジアでもっとレベルを上げたいという思いがあった。でも、オファーをくれた中国がシンクロをはじめて25年間いちどもメダルを取ったことがない。ゼロのときにオファーされたから断れなかったというのもある。なんでかというと、私が断ったらこれからもロシア流シンクロになる。それで、日本流シンクロがメジャーになるためには、ロシアのコーチに譲るわけにはいかなかったというのが、２００６年に中国チームを教えはじめたきっかけなんです。

二村　日本だけじゃなく、アジアのレベルをあげることが全体のためになるということやったんですね。

井村　そうです。ところが、『教える力』にも書きましたが、ぜんぜん日本の経験が役に立たなかったんです。

中国チームのコーチに就任するとき、日本では「日本の技術を敵国に売るなんて」と批判されたんです。そやのに、その「技術」が何の役にも立たない。なぜなら、選手の背の高さが違う、筋力も違う、バランスも違う、浮力も違う、練習環境が違うし与えられる練習時間も違う。選手ひとりひとりがこれまでにどんな指導をされてきたかも違う。たったひとつ役に立ったことは、「練習以外に選手を強くする方法はない」という根幹の部分だけ。だから敵国に技術を売るなんて生やさしいものじゃなかった。

でも、私自身は中国に行ったことで、自分のコーチ力は上がったと思う。なぜなら、言葉が分からない国で教えるから。日本では日本語が通じるという前提じゃないですか。でも中国行ったら、言葉が通じないというのがベースになる。この本にも書きましたけれど、たとえば選手に脚を上げさせて、「ここに中心軸がある」っていうことを教えようとする。だけど彼女は、体の中に中心軸があるなんていうことを教えられたことないわけです。そういう選手に中心軸がどこにあるか教えようと、飛び込み板の上に寝転ばせてここが中心軸、ほっそい糸みたいな、それが軸なんだと。そんな太いものじゃないんだと、それを教える。

こうして、ゼロから、しかも言葉だけじゃない方法で教えていく力はついたと思います。

二村　なのに、日本は井村先生の経験を「逆輸入」する方向にはいかなかった……。それは、なんでだったんでしょうか？

井村　おもしろいもので、それが日本の社会なんです。北京オリンピックで、中国は史上初のタイトルを獲りました。チームで銅メダルを。そしたら、そのノウハウを教えてください、どういう風にして選手を育てたかというのを日本のテニス協会と新体操の協会に招かれてレクチャーに行ったことあるんですよ。

なのにシンクロ界からはぜんぜん呼ばれない。呼ばれないからしゃべる必要もないと思いますけど、新体操の研修会には2回ほど行きましたね。

シンクロもアジア大会で優勝するには中

国を破る必要があるし、そのためには中国のことを知りたくなると思うんですけど、知りたくないようですから(笑)。

二村　実際、先生は日本でもまたコーチをしたいと思っておられたのに、水泳連盟は「若返り」を理由に断ってきたんですね？

井村　そうです。うちのクラブからも代表選手が選ばれて、慣例的にはその選手のコーチが日本代表にも帯同するんですが、それすら「井村さんじゃなく若いコーチを派遣してください」と。「先生は年齢オーバーです」って、びっくりしました。

以前にアメリカチームの監督は白髪のおじいちゃんでした。日本でもコーチに定年制なんかないのにね。

コーチっていうのは、強い選手を育てたら認められる。私はそう信じてきたんですけれど、水泳連盟は「北京オリンピックを期に選手が引退して若返ったからコーチも若くする」と。でも、それはだめでしょ。若い選手に若いコーチって、これじゃ勝てないから「年寄りを利用したほうがいいですよ」と言ったんですけど。

ああ必要じゃないのか、それなら必要とされてるところに行くわということで、ロンドン大会も中国チームを指揮することになった。そして、デュエットで銅、チームは銀でした。日本は残念ながらチーム、デュエットとも5位に終わりました。もっと腹の立つことに、どちらも金メダルはロシア(笑)。

二村　井村先生の素晴らしいところは、一人一人違う選手の個性、精神的に強い子もいれば、弱い子もいてる。その一人一人に向き合って大事に見てくださってるとこだと思うんですね。

井村　選手を見たらだいたい分かるんですよ。この子は、こんなえげつないこと言われてんのに、全然こたえてへんなとか。ちょっと言っただけで、それぱっかり気にして、ほかのことがなんにも耳に入ってない子とか。そのへんの子でも、どんなすごい選手でも全部顔に書いてあるのね。

私が指導した立花と武田は素晴らしいデュエットに仕上がりましたけど、武田に対してはボロクソに言いました。しかも、この子がいちばん傷つく言葉はなんやろなと考えて言ったくらい。なぜかというと、彼女は非常に強いんですね。どのぐらい強いかと言うと、引退後に彼女が言ったのは、「私は先生に3回同じ注意されたら負けだと思っていた」と。

2回は許せるけど3回目を言わせてしまったら、自分自身が悔しくて悔しくて。そんな子なんですね。だけど逆に、「今のええね!」いうたら、「そっかー」って、すぐに練習辞めようとするんですよ。武田はそんな子なんですね。

一方、立花は、ひとことなんか言ったら、もうそれで心の底まで、奥の奥まで届くんですね。そういう選手を追い込む必要なんかないんですね。小さなこと注意してるのに、「この欠点は直さなきゃ」ってなる子なんですね。そんな子にあれこれ言う必要ないもん。だから、その子によって、ぜんぜん違う。

いま私は井村シンクロでコーチしてますけど、先週こんなことがありました。練習の途中である選手に近づいていって、「あのね」って言ったら、ぱーって逃げるんですよ。

なんも叩いたりせえへんですけど、その子に「あんた、家で叩かれてるでしょう」と言ったら「叩かれてる」って言うんです。

「どっちが叩くの」と言ったら、「お父さんが叩きます」と。「お母さんは?」「お母さんは叩けへん」。それでも、「お父さんは叩きます。でも私が悪いことした時です」って言うんですね。だから子どもと接したとき、この子が家でどうされてるかすぐ分かります。3時間一緒に練習したら、そのおうちの台所を見た気になりますよ。ちゃんとバランスのとれた栄養を考えてるか、外食多いか、すぐ分かる。ご飯を適当に作ってるおうちの子は、2時間過ぎたら持久力がない、こわいですよ(笑)。みんなの台所が見えてますから。

二村　私も井村先生に言われた言葉をいつも思い出します。選手として指導してもらってるとき、ほんとうに精神的に弱いところがあったから「先生もう限界です」って言ったんですよ。そしたら「限界はあんたが決めるもんちゃう。私が決める!」って。もう、びっくりして、でもそこまで追い込まれたら、意外と思ってたよりできるもんなんですよね。

井村　そうやね(笑)。二村さんやないけど、やっぱりナショナルチームの子に「今日の練習どうやった?」って聞いたら、「死ぬ気でやりました」って。「生きてるやないかあんた。死んでないやん」って。死なれても困るけど、「気づいたら倒れてました」くらいになってから言えよと思いますよ。あんた普通に立って私と話してるやん。いっこも死んでない。

井村(後列右から5人目)と現役時代の知子(前列右端)

それじゃ「死ぬ気でやりました」なんていう言葉を使うところまで行ってません。「でも、私は頑張りました」「頑張ったけどできませんでした」って正面切って言われるんですよ。がんばったとか、がんばってないとか、なんであんた自己申告するんや。「がんばったかがんばってないかは私が決めるんや」と。私、いつも同じこと言うてますけど(笑)。

二村 あとね、井村先生のお話で、「1ミリの努力」あれすごい好きなんですけど、お話しいただいていいですか。

井村 人間、生きていくために目標を持たなければならないんです。目標というのは、大きな目標を持たなければいけない。たとえばオリンピック選手になるとか。さらに、オリンピックでメダルをかけてもらうとか。その目標は失ったらあかん。ただしその目標だけでもあかんのね。

みなさんも大きな目標を持ってくださ い。最近就職した人でも、「入ったからには社長になります」とかそういう大きな目標。これと同時に、日々の目標、小さな目標が必要なんです。この日々の目標は何かというと、1ミリの努力でできることなんですね。この日々の目標、小さな目標を持たない人は、大きな目標が「夢」と化してしまうんですよ。

大きな目標はスポーツ選手なら誰でも言うことができるんです。でも、小さな目標がないとただの「夢」。これは叶えられるという目標を設定することなんです。1ミリの努力というのは、たとえば、垂直跳びを40センチ跳べるとします。40センチ跳べた人に、次は3カ月後に50センチ跳びなさいというふうに目標を設定したら、それでも「やります」って子は、たぶん100人中の2～3人でしょうね。ほかの97～98人は「無理」って言いますね。

この気の強い私でも、「それはちょっと無理やわ」と思うんですね。でも、40センチを跳べた私に、「あなたは明日、1ミリ高く跳んでごらん。40センチと1ミリ跳んでください」って言ったら、絶対跳べますよ。少なくとも跳べる気がするでしょ、みなさん。

それすら「あかん」って人は、何をしてもあかんのんちがいますか。40センチと1ミリ、1ミリだけ高く跳ぶっていうのが明日の目標。その目標を設定して達成したら、気持ちいいもんですよ。今日も汗をかいたな、私ってイケてるじゃん、って。40センチと1ミリが跳べた私に、次の日は40センチと2ミリ跳んでごらんって。こういう風に目標って設定するんです。

そしたら今日40センチ跳んだ私が100日後には50センチ跳べるようになってるってことですよ。

こういう風に目標を積み重ねていくこと、1ミリの努力を積み上げられるかが大事なんですね。

二村　井村先生は、その後に松原市の教育委員長にもなられてます。子供を指導する人にはどんな経験を伝えておられるんですか?

井村　公立中学校と高校で体育会系のクラブの顧問を集めた講演会があって話しに行ったんですね。

そのときに私が言ったことは、マスコミは「勝利至上主義はだめや」みたいなことを言うんですけど、勝ちにこだわるスポーツがだめや言うんやったら、スポーツやめろって言ったんですよ。スポーツは勝ちにこだわらなあかん。もっと言うと、「どうやったら勝てるのか」を考えるのが醍醐味やのに、それを考えへんのやったらスポーツやらんでいいんちゃうかって。

それ言うたとたん、参加してた先生たちは、思わず首を横に振ってはる。その時に思ったのは、この人ら怯えてる、と思ったんですね。大阪府でも部活中に先生による暴力事件があって生徒が自殺した。そんなこともあって、体育会系のクラブを指導しておられる方もなすすべなく、手足もぎ取られたみたいな感じになっておられる方がいらっしゃると思うんです。

勝ちにこだわらなあかんのです。でも、大切なことは、スポーツで一番でもその子が人間性での一番ではないっていうことを押さえなあかん。あなたは走ることとやったら一番やから自慢しなさい。だけど、それは走ることの一番であって、あなたより素晴らしい優しさを持ってる子がいる、数学ができる子がいる、英語ができる、みんな価値があるんだと。だから、スポーツの一番は人間性の一番ではないと。一番はすごいこと、自信持ちなさい。でも、他のことの一番の人にも敬意を表しなさいと言います。

これまで日本と中国、ふたつのナショナルチームで8回のオリンピックの中で、私がやってきたことは、「勝つにはどうしたらええのか」と頭と全身を使うことなんです。それがスポーツのすばらしさ。

さっきから言ってる、ロシアに負けるとすごい悔しいわけですよ。どうやったらあの国に勝てるんやろって思う訳ですね。そしたら、今度はスペインが出てきて、中国はスペインにも勝たないとメダルに届かない。どうしたらスペインに勝てるやろって。

スポーツには負けがあります。負けたものは、落ち込む。悔しいとも思う。だけど負けたものは、次の瞬間には、勝った人に対して敬意を払うんですよ。

やっぱりロシアはすごい。10年以上も世界一に君臨しながら、まったく練習の手も緩めない、作戦も隙が無い。立派やなと。

オリンピックではメダルを獲ったら公式会見があるんです。試合後にコーチと選手が並んでインタビューを受けるんです。2004年のアテネ五輪のとき日本チームはロシアに負けて2位やったんですけど、そのとき、ロシアのコーチは私とスペインのコーチに対して敬意を表すコメントをするんですよ。そしたら、私もスペインのコーチもロシアチームへの敬意を表するわけです。そんなやりとりを見ながら、「この憎たらしいロシアのコーチが頑張るから私も頑張れたよな」って。そのときはじめて「敵を愛せよ」っていう言葉の意味が分かったんです。試合のときなんか、絶対に愛されへんのに(笑)。

ロシアのチームとコーチがいてたから、この強いチームがあったから私はこの大会に向かって本当にすべてを懸けてやってこれたなって。もしこの人がへなちょこで、なんも努力せえへんで大会に出てきてたら、私だって頑張らないもん。

スポーツって言うのは負けて悔しい。でもその次の瞬間に、勝ったあの人はすごいよなと思う。そして、今度はあの人に絶対勝ってやろうと立ち上がるわけです。逆に勝ったときに、あの人に勝ったと思って、お山の大将みたいな気持ちになるわけですよ。

負けたときほど得るもんがあるんです。それがスポーツのよいとこ。だから「勝利至上主義はダメ」っていうのは、スポーツのいちばんいいところを見てないと思うんです。

二村　それは、井村先生が中学校の教員もなさっていたこととつながるんですか?

井村　それは、分からんけど、ただ人を相手にする仕事って面白いんです。ひとつひとつ全部が応用問題ですから。学校の先生でもクラスに20人、30人おってもみんな違う。おんなじことをこっちが言っても、受け取り方はなんでこんなに違うねんというくらい違う。兄弟やからって全部違う。だから人を相手にする仕事というのは、つねに応用問題。正解がない。だから楽しいんですよ。だから辞められない。気がつけば

40年（笑）。

二村　それで思い出したんですけど、井村先生に私がCチームくらいのときに見てもらったんですよね。

それまでは、実力によってAからCまでチーム分けされてて、AはAのコーチ、BにはBのコーチというふうに決まってて、だけどCには専門のコーチがいないんです。一生懸命に練習してるんですけど、1回も見てもらえへんのです。シンクロ競技は指導者に見てもらわんと絶対に上達しない。ほんまに、水中ゴーグルの中で泣きました。なんで見てもらえへんのやろ……（涙声）。

井村　ほら、また泣いてるでしょ。

会場　笑

二村　それが、なにかあってコーチが井村先生に変わったんです。そうしたら、下っ端のCチームも、ちゃんと見てくれはる。それが私すごいうれしかったんです。

井村　そうなんです。それは中国でも感じたんですけど、ロンドンのとき、ほんとうに素晴らしいチームになったんです。

あとで詳しく話しますけど、中国は中央集権みたいに見えますけれど、意外とそうではなくてそれぞれ地方の「省」がとても強いんです。

だから、選手も各省から推薦されてやってくるから、全国で1番から8番までの子が来るわけじゃないんです。いろんな省から来てるから、いちばん上手な子から、一番ヘタな子まで、いるわけですよ。代表チームなのに。けどスポーツって、それ当然やからね。ただ、それが人間の1番から8番じゃないんです。それはハッキリ言いますけど、それでもやっぱり順位がつくわけですよ。

私はその選手たちを率いるリーダーとして、なにをしたかって聞かれるんですが、すべての子の人生を大切にしました。だからデュエットで出るようなトップの選手も上手になりたい、でも一番下の選手も絶対上手になりたいんやと。上手になって、みんなの脚を引っ張らないような演技、本番で失敗しないようにしたいんやという思いがあるっていう、その子の気持ちになって考えたら、みんな見てやろうと思うんですよ。だから大変でしたけど。

たぶん二村さんらが選手のときも、スポーツしてる人だったら全員が上手になりたい、いい成績を取りたいという思いを持ってるから、それを大切にしてあげる。それぞれの子に人生があるっていうことを大切にしてあげることが大事かなと思います。

二村　そんなふうに、どの選手にも公平な井村先生ですけど、『教える力』を読むと、中国では各省の政治力があって、なかなか大変やったと。

井村　そうなんです。中国でいう「省」は、日本でいえば県ですよね。それが、ものすごい力を持ってる。たとえば、選手選考でも国全体から選出するんじゃなくて、例えば上海から2人、北京2人、南京は今年は1人、四川省は何人、雲南省は何人、とかいうてね。全国のトップから何番目までとか選べないんです。

そんなん変えたってええやないかと思ったらあかんのですよ。13人の候補選手を10人にするとき、誰を減らすかというときも省ごとで割り振るんです。それを無視すると、外された選手の省のリーダーはすごい剣幕で来るわけです。「なんで、この選手を残さないんだ」と。しかも3日間ずっと。

それが中国なんです。日本は「日本」という国になってから何年経ったか言われへんぐらい長いでしょ。明治から数えても150年ですから、もう昔の話じゃないですか。でも中国は60数年。そのぐらいで「オール中国です」って無理なんですよ。だから省がすごい大切なんですよ。そして、省のことしか考えてない。

それでも、北京のときもロンドン五輪も闘いました。南京の選手を外したときも「なんで、広東省が3人もいるんや」と。「南京の子を外したら、南京のシンクロがなくなる」って言うんです。私は「なくなったらいいじゃないですか」って言ったんです。南京はシンクロやめたらいい、そのかわり中国がオリンピックでいい成績を獲ったら、他の省がやりはじめるし、その方がいいと。「やめんのやったら、今ですよ」と言ったら、ほんとに呆れてましたけどね。それも通しました。

二村　外から見てたら、中国ってなんか一枚岩に見えるんですけどね……。

井村　でもね、日本とは違う気持ちのいいところもたくさんあるんです。

やはりベテラン選手の起用をめぐってもめたことがあったんです。北京のときにまだ17歳だった選手を抜擢したら、省の方から「彼女にはロンドンがあるから、こっちのベテラン選手を使え」ってきたんです。えらいさんたちはそう言うけれど、「私にはロンドンはありません」って言ったんですよ。

しかも、そのベテラン選手はすごい調子を落としていて、成績も悪かった。「今はダメでも経験がある」と説得してくるから、私は「若くても、いま調子のいい選手に経験をつけるものも私の仕事です」って言い返して。

それで、連盟の上の人に「ベテランの彼女を切ったのは、全部私の責任にしてください。それでも納得しなかったら、省のリーダーに私がかけあうから」と言ったら、「いや、それをするのが自分たちの仕事だ」と。省のことばかり考えてる人たちを説得するのが連盟の仕事だからと。

「だからあなたはもう練習に行ってください」と。

上に立つ人って下の人をまとめて、うま

く力を発揮さすのが仕事じゃないですか。それに関してはものすごく見事です。

二村　いま、サッカーの岡田監督が中国の杭州で監督されたりしてます。そうした経験は替えがたいものですか?

井村　私は、中国に行って思ったのは、こんな大きな地球のなかで、北京のときはあの9名と一緒に戦うことになった。それって出会いなんですね。出会いで、たまたま、私の前に来て、教えることになった選手。その選手をよくして、最終的には、私と出会ってよかった思わせてやりたいと思う。最終的にね。

日々はこんな人に教えてもらいたくないわと思ってる子、いっぱいいると思います。でも最終目標の、試合が終わった時に、この先生のもとで教えてもらって私はよかったって。それは試合のあと思わないかも知れないし、何十年後に思うかもわからない。でもそういうふうに思ってもらいたい、と思うんです。

だから、日々嫌われててもいいんです。選手によっては、「わたしにはできない」って決めつけてる子もいます。それに対して、私は「できないことをあなたには言ってない」と言い返します。本人も「できない」って決めてる心との葛藤ですよね。その心をこじ開ける言葉をつかって、その子を変えてやる、あなたが変わるまであきらめない、それが私の仕事だと思うんです。

シンクロというスポーツでいえば、8人でチームになる。そうすると1番のひとも8番の人もいる。8番と1番の両方いる。そしたら8番の人は迷惑かけて、人の足を引っ張ってるだけか。そうじゃないでしょ、ヘタやけど。

8番の子は一番上手な人に一生懸命さでお返しするんや。なぜなら、この1番の人も何年か前は一番ヘタやった。ある日突然、シンクロはじめたとたんにトップになった選手なんか誰もいない。

みんな、一番ベッタ（最下位の意味）、先輩たちに迷惑かけてんなぁ、私ヘタやから、そんな思いの中でやってきた。だから、一生懸命やったら、みんなが仲間として受け入れるんやって。

1番から8番までいるのがチーム、そのチームが一つにまとまる、ってそういうことやって話もするんです。

二村　先生はほんまに愛が深くて。

井村　いや深ない深ない。愛なんか、ないないない。

会場　笑

［了］

ライブドア代表として、近鉄バファローズを買収すると宣言以来、世間の耳目を集めていたホリエモンこと堀江貴文が、証券取引法違反で逮捕されたのは、2013年のことであった。

その堀江が長野刑務所を仮釈放で出て来てから執筆した『ゼロ　なにもない自分に小さなイチを足していく』が、同年11月にダイヤモンド社から出版されることになった。早い段階から、取次のトーハンから、隆祥館書店でこの本のイベントをやりませんか、という持ち込みがあった。堀江を招いての「作家と読者の集い」である。

この企画に善明が猛反対した。

「ホリエモンって、罪を犯した人間やないか。そういう人間を招くのはあかんやろ。知子、この仕事は受けへんやろな」

普段の善明は、万引きに対してさえ「罪を憎んで人を憎まず」という哲学を貫く人物である。それを考えれば、服役経験があるから、というわけではなく、堀江の以前の著作『稼ぐが勝ち』の中にあるような「人の心はお金で買える」という言葉に反応して反対したと思われる。たかがカネに人間が支配されるのはおかしい、労働とは実体の無いものを動かして儲けるもんやなくて、汗水たらして動くことや、と常日頃から唱え、『ナニワ金融道』や『闇金ウシジマくん』を愛読していた善明である。逮捕の理由が、粉飾決算という事件の性格に対して憤っていたことも容易に想像できる。

一方、妻の尚子は、「ええやないの。もう刑に服して出てきはったんやから。イベントはやるべきやと思う。知子ちゃん、やったらええやん」。

断るべきか、やるべきか。知子は、両親の意見の板挟みに陥った。堀江のイベントをどうするべきか、娘の真弓に相談すると、まずは、その『ゼロ』のゲラ（プルーフと同じく見本。印刷前の「原稿」の意味もある）をまず読ましてもらったら、ええやないのと言う。

ゲラをもらって読んでみると、幼い頃からの生い立ちと、すべてを失ってからの再スタートについて前向きに語っている内容であった。ホリエモンの意外な一面を知る思いだった。

そんなときに鎌田實の『○に近い△を生きる　正解や正論にだまされるな』のプルーフ（発売前の見本）を入手した。愛読していた鎌田の新刊が出ると聞いていたので、取り寄せていたのだ。

鎌田先生をお呼びしたい、と以前から考えていた知子は、これを機会と『○に近い△を生きる』を担当したポプラ社の編集に電話をした。「小さな本屋ですが、来てもらえますでしょうか」。相手は著名な作家であり、医師である。返事を心配していたが、回答は望外のものだった。

「鎌田先生は『僕は小さい本屋にこそ行きたいんです』と言っておられます」

知子は司会をしながら、じっくりと鎌田のトークを聞いた。そしてホリエモンを招くことを決意した。人間は、誰もが罪を犯す可能性がある、ということを学んだのだ。もちろん、「ゼロ」の内容が良かったからということもあるが、『○に近い△を生きる』の講演に、背中を押されて決断したのは紛れもない事実である。

「チェルノブイリだってＷＨＯ（国際保健機構）がいくら安全だと宣言しても実際に行ってみないと分からない。人間だって実際に接してみないと分からない。人も○がもちろんいいけど、△もいい」

こうして、２０１３年10月に鎌田實、その翌月に堀江貴文というラインナップで「作家と読者の集い」の集いが連続で行われた。

知子には鎌田から言われた嬉しい言葉がある。「小さな隆祥館書店も品ぞろえでは○やなくて△。でも売っているのは本だけやないでしょう。このお店は、本と一緒に心も渡しているでしょう」

鎌田實さんを囲む会

語り手　**鎌田實**（医師）
聞き手　二村知子
日時　2013・10・13
会場　関西電力上本町変電所ホール

二村　本日は『○に近い△を生きる――「正解」や「正論」にだまされるな』（ポプラ社）の刊行記念イベント「鎌田實さんを囲む会」に多数ご参加いただき、ありがとうございます。本日、司会を務めさせていただきます、隆祥館書店の二村知子と申します。どうぞよろしくお願いいたします。

みなさんご存じかと思うんですけれども、出版業界の中でも小さな本屋は非常に厳しくて、アマゾンや大型書店の攻勢を受けて、廃業になる書店の数はさらに加速しています。そのようななかで、2011年から読者と作家をつなぐ会を続けています。当店では、「腰が痛い」というお客さんがあれば美木良介さんのロングブレスをみんなでしたりとか、「ぼけないように大人の塗り絵をしたい」と聞けば、大人の塗り絵教室をしたりしてるんです。今回は医師の鎌田實先生にご登場いただけることになりました。

鎌田實（かまた・みのる）
1948年東京都生まれ。東京医科歯科大学医学部卒業。1974年に長野県の諏訪中央病院に赴任。1998年に同病院院長に就任。2005年より同病院名誉院長。一貫して住民とともに作る医療を実践し、チェルノブイリ、イラクの救援活動を長年続け、2006年読売国際協力賞を受賞。『がんばらない』などベストセラー多数。

二村　この本を読んでおられる方はもうご存じと思うんですけれども、鎌田先生の諏訪病院がある長野県は、1960年当時は脳卒中で亡くなられる方が全国で一番多かったんですね。ところが、2013年には、なんと長野県が全国屈指の長寿の県になっています。先生のおかげじゃないかと思ってます。

鎌田　ご紹介ありがとうございます。『○に近い△を生きる』（ポプラ新書）ってちょっと変なタイトルですよね。初めは「別解力《べっかい》」を考えていました。正解や正論とは少し違って、もう一つある別解を考える力があったら生きぬく力になるいうという意味で『別解力』というタイトルにしようかと思ったんですけど、このごろ「なんとか力」っていうタイトルが多いので。

そもそもの企画はポプラ社が新書シリーズを創刊するのでぜひ書いてほしいって言われて。この「あとがき」にも書きましたが、何度と断ってもしつこくて（笑い）、最後には坂井さんという社長が出て来てまくしたてられて。坂井社長は、「今までとまるで違う本でいいです。どんな冒険してもらって構いません」っていうふうに言われて、そこまで言われたんならということで書いたのが、「はじめに」の一行目です。世界一とはいえないけども、かなり変な本を書いてやれと思って、内省的というか鎌田實がもう一人の鎌田實に問い詰めていくような本が書けないだろうかなっていうふうに思ったんです。

その最初の一行目は「ぼくは18歳の夏、父の首を絞めた」っていうのから書きはじめました。それはぼくの原点っていうか、ぼくの中にも獣がいて、その獣が暴れたっていうことです。

それに48歳のときパニック障害になったことも書きました。貧乏の中で生きてきましたから、精神的に強い人間だと思っていたけれど、パニック障害が起きて、冷や汗が出て、夜眠れなくなった。結局みんな一緒なんじゃないか。つまり人間ってなんなんだろうかってことを、この『○に近い△を生きる』を書きながら、自分を見つめていく作業をしていきました。

みんな少しずつヘンなところがあって、それを含めて人間なんだということ。

ぼくは以前から、舘野泉さんという世界的に有名なピアニストと面識がありました。彼はもともと女性ファンが多くて、ソロコンサートをやると300人くらいの会場がいつでも札止めになったんです。その彼が脳卒中になって、重い右半身麻痺になるわけです。ピアニストとしては×のはずですよね。このことを『○に近い△を生きる』にも書いたんですけども。

左手だけで、どうやってピアノを弾くか。普通ならもうだめだって思い込みますよね。そのとき彼は、左手で和音とメロディーが弾けないものだろうかって考えたそうです。それを実際にやって、たくさんの人の心を揺さぶるわけですよ。今では2000人のホールでコンサートをやっても、札止めになる。

パソコンのマックやスマホを開発したスティーブ・ジョブズさんは、この20年間で最も人類に影響を与えた一人だと思います。人類のコミュニケーションのあり方を変えましたよね。だけど、彼は人との距離のとり方おかしいんですよ。おそらく発達障害の一種だと思います。

映画監督のスピルバーグは、字が読めなかった。本人も失語症だと言っています。もし字が読めなかったら、日本では小学校1年のときに、ものすごいレッテルを貼られますよ。「さくらさいた、さくらさいた」って、読めないことで、彼の人生のスタートはものすごい厳しいものになったでしょう。でもスピルバーグが、字が読めないからこそ、他の人では描けないような映像を創った、天才だったわけですよ。

ぼくと同じ職業である中村哲というドクターは、パキスタンやアフガニスタンで潅漑を進めて活躍をしてる。ぼくと同じ普通の医者ですよ。でも２０００年に彼は、アフガニスタンの大干ばつに、遭遇して、今必要なのは聴診器と薬ではない、井戸を掘ることだって。別解なわけですよ。

つまり日本はこの20年くらい新しい発明や発見がなくて、息苦しい感じになってるけど、もっと若い人たちにぼくの本読んでもらって、生き方っていうのは○と×の間に、無限の△があることに気づいてくれたらいいなあと思って書きました。

『○に近い△を生きる』の最後で、チェ・ゲバラのことを書きました。ゲバラがキューバ革命を目指して、カストロとキューバ島に上陸するとき、12人で2万人の政府軍と対峙する。アメリカから爆撃機や戦闘機も買ってる政府軍と戦って、なんで勝つか。戦争といえば、相手を殲滅することだと思うわけですけど、ゲバラは別解を考えるわけです。敵を助けるんです。彼は医者だったから。戦闘で捕虜になった敵兵を助けようとする。貴重な薬も使って。また農民が病気だったら、その農民のために薬を使う。向こうの軍隊は、農民から食べ物を奪っていくのに、ゲバラたちは食べ物がなくなっても農民にお金を払って分けてもらう。そして農民が病気だったら治療する、敵も治す。そして敵に「家に帰りなさい」と説得する。すると、相手側は動揺する。自分たちのほうが正しくないんじゃないか、12人の軍のほうが志が高くて、本当の農民や貧しい人を助けようとしてるんじゃないか。よく見てみると、自分の大将は、自分のために政府軍を使って権力をほしいままにしてるんじゃないかと疑いだす。

ここからは、ぼく自身がどう生きてきたかをお話ししようと思います。

二村　鎌田先生、ここでサプライズなんですけど兵庫県立柏原病院の和久祥三先生が日本酒を差し入れくださって。このお酒、ラベルがばっちり「○と△」になってるんです。

鎌田　え!?　ふるまっていいの？　飲みたい人、手挙げて。いいなあ。コップももってきてください。和久先生は丹波の病院に勤めて、はじめは小児科医が5人くらいいたんですけど、内科医や外科医が当直だと、救急できた子供のお母さんたちが小児科医を呼んでほしいって言われて、小児科医が疲れたってどんどん減っていったんです。和久先生の病院もがんばってたんですけど、和久先生もやってられないって辞表を書いたときに、丹波のお母さんたちが病院に手紙を書いたんです。それまで子どもを小児科医にみてもらうのは私たちの権利であり当たり前のことだと思ってたけれど、夜中に呼び出される先生に、ありがとうって言っただろうかって。そのことにお母さんたちが気づくわけです。それで「ありがとうポスト」っていうのを作って、自分が本当に困ったときに、病院の小児科の先生たちにどれだけ助けられたかを、お母さんや子どもたちが手紙を書き出した。和久先生は、その手紙を何度も何度も読んで、泣きながら読んだ。辞めようと思ったけど、もう一回、この地域で小児科の地域医療をやろうっていうふうに思った。それを続けてると、和久先生の病院に小児科医が集まり出した。3人、4人、5人と。「あそこに行けば患者家族から感謝されるぞ」って(笑)。

『空気は読まない』という本に、そのことを書いたんです。書いたことによってまた、和久先生のところへ小児科医が集まる。やっぱり、給料が上がるというよりも、感謝されることに、やっぱり医師としては、喜びを見出したんですね。これも別解の一つだと思います。

それはそうと、自分の話をします。

さきほど言いましたが、ぼくは18歳の時に父親の首を絞めた。岩次郎さんっていう人が父になってくれた人です。顔立ちが全然違いました。ぼくはじゃがいも顔で、父はうりざね顔のハンサムな人でした。ぼくの『がんばらない』『あきらめない』(ともに集英社文庫)がベストセラーになって、2回、テレビドラマになったんですけど、ぼくの役はハンサムな俳優がいいなと思ったんですけど、西田敏行でした。

鎌田はこの後何度も隆祥館書店で講演することになる

会場　笑

鎌田　ドラマで父の役は大滝秀治さん。渋い役者ですよね。そしてぼくの母になってくれた人は重い心臓病で入院していることが多かったです。岩次郎さんは小学校しか出てないんですけど、ずっと一生苦労して、とにかく誠実さで生きたような人なんです。ぼくを生んでくれた父や母はぼくを育てられず、捨てられるんですが、この夫婦がぼくを拾ってくれたわけです。

岩次郎さんは、貧乏と女房の重い心臓病という二つの困難を抱えていたにもかかわらず、行き場のないぼくを拾ってくれたわけです。その時、ぼくはそうした事情を知らなかったにせよ、その命の恩人に自分の思いどおりにならないからといって手をかけようとした。

18歳の夏に、「親父、大学行かせてくだ

さい」って泣きながら言ったんですよ。親父が一生懸命生きてるのはわかってて、おふくろを一生懸命守ってるのもわかってて、すごい人だなとは思ってたんです。もちろん虐待なんてこともない。厳しい人ではあったけれど、手をあげることとか、殴られることはなかったです。それなりにぼくは尊敬はしてたんです。

でもその前年の春に1回、高校3年の春休みにまた父にお願いして、それでも、「だめだ、貧乏人は働けばいい」って。もうつらくてつらくて。自分の心を支えてくれたのは本だったですけど、本を読みながら、自分を納得させようとして、それでも親父はぼくのことをわかってくれないって思いが強くあった。

それでも自分の人生だから、どんなことがあっても親父を説得したいと思って、泣きながら「大学行かしてください」って言ったら「ばかやろう。いくら言ったらわかるんだ。貧乏人は働けばいいんだ」。まさか、勉強なんかするなって言われるなんて思わなかった。

それで我を忘れて父の首に手をかけた。その時、父が泣き出したんですよね。泣き出してくれたことで、ぼくは我に返って、「いけない」と思って手がゆるんだんです。その後は二人で泣いてました、床にへたりこんで。

岩次郎さんはしばらく経ってから、「そんなに大学行きたいのか。自由に生きていいぞ。俺は何も応援してあげれないけど、あとは自分の責任で生きろ。一つだけ約束しろ。うちみたいな弱い貧乏な人がどんな思いで医者にかかるか、おまえ忘れんなよ。弱い人や貧乏な人の気持ちを忘れんなよ」って。

「勉強しろ」っていう言葉は、ほんとに無力ですよ。みなさんだって、そう言われて育ってきたのに、でもしなかったでしょ?

「勉強しろ」って言葉は、心理学でいうと「行動変容」を導くには無力なんです。無力だとわかってるのに、みんな「勉強しろ」って言うんですね。

人生って、ちょっとずつ変わっていくんだけど、突然がくんって変わるときがあって、そういうのを行動変容が起きたって言うんです。人間は変わりづらいけど、変わらない人はいない。それは行動変容を起こしてくれるような先生に出会った人は勉強を好きになったり、ある本で自分で大切なことに気がついたりして、がくんと生き方が変わる。

ぼくは、親父から18歳の夏に「勉強するな」っていう予想外の言葉を言われて、それで行動変容が起きた。「俺は勉強したいんだ、先生とか親父は関係ないんだ、俺の人生だから俺は勉強するぞ」って。で、朝4時半に起きるようになるんです。ぼくは18歳の夏、行動変容が起きました。生き方が変わったんです。それは岩次郎さんのおかげなんです。この人が頑固で、壁のように立ちはだかってくれたから、分厚い壁になってくれた。貧乏だったから、彼も大変だったと思います。

でも、母が優しい人だったんです。親父は一度もほめてくれないけど、おふくろはすごい優しい人だったです。入院していることが多いから、母の病院に行って、小学校の高学年になっても母のベッドにもぐりこんで学校の話をすると、母はいつもほめてくれた。「實ちゃん、すごいねぇ」って抱きしめてくれる。抱きしめられることによって、オキシトシンっていう生きる力になる脳内神経伝達物質が出るんですね。抱きしめられたぼくはオキシトシンが出る人間になったと思う。「オキシトシンリッチ」な人は、あったかいし思いやりが豊かになる。これはすごく大事なことで、産みの親からは捨てられたけど、母親になってくれた人に、すごく抱きしめられたんです。

この二人に拾われたことが人生のスタートだったにもかかわらず、ぼくはその恩人の首を自分の思いどおりにならないからといって絞める。ぼくの中に獣がいたんですよ。ぼくたちホモサピエンスは哺乳類なんですが、「爬虫類の脳」っていわれている視床下部を持ってる。これが人間の本能をつかさどってる。爬虫類も哺乳類も眠りたい、食べたい、セックスをして生き残りたい。これが生き物の大事な本性《ほんせい》なんです。

これらのバランスが崩れたとき、不眠症になるし、過食症や拒食症にもなる。命をつないでいくために。どれも大切で、そのバランスが崩れると大変なことが起きるわけです。ぼくは18歳のとき、そのバランスを壊したんです。親父の首を絞めるという形で。でも誰でもありえることだ。悲惨な事件がいっぱいありますよね。でもほんのちょっとのボタンの掛け違いのはずなんですよ。ほんのちょっとなんだけど、わずかな差で後ろ指をさされたり、一生の傷をおって生きていかなければならなくなる。ほんのちょっとですよ。事件になってしまった子と、ぼくの違いなんて。

二村　そんな鎌田先生が信州の小さな病院へ行かれたり、チェルノブイリで支援されたりというのはつながってるんですか。

鎌田　そうですね。被曝したあとのチェルノブイリへ行ったりしているのは、東京の国立大学にうまく入れて卒業した中でぼくだけですよ。田舎の病院に行ったのも全部、岩次郎さんから「自由」をもらったから。ぼくの人生だもん。みんながみんな最先端のがんセンターや大学病院行かなくちゃいけない理由もない。いろんな人がいて、世の中は成り立ってるんじゃないか。上る人がいれば下る人がいていいんじゃないか。誰も行かないほどつぶれそうな病院に行ったら、少しはぼくだって役に立つんじゃないか。
で、信州に行ったわけです。さきほど二村さんから、長野県は日本一長寿になりましたって言われたけど、脳卒中がものすごく多かった時代から、どう行動変容を起こせばいいかなんです。人それぞれがみんな健康で長生きしたいんですよ。幸せになりたいんですよ。問題は行動変容を起こすきっかけなんですよ。このことに気がつくと、生きるのがものすごく楽になる。もう手遅れの人が今日は多いけども……(笑)

会場 笑

鎌田 だけど、情熱をもってやればいいんです。難しいことじゃない。だって累積赤字4億円のつぶれそうな病院に行ったけど、「みんなで儲けよう」なんて絶対に言わなかったです。ぼくたちは信頼を売っている、医療っていう信頼。二村さんがやっている本屋さんも、信頼を売っているはずで、ここが大事なんですよ。

ぼくは、病院へ来た人を見てるだけじゃだめだって、年間80回、健康づくり運動に出ていったわけです。オンボロ病院に行ったら、もうその人の人生が終わりってことじゃなく。気位の高い人はがんセンタージャなくちゃとか、大学病院でないとだめとか、思うかもしれないけど、いやどこにでもおもしろい世界はあるってことですよ。だから、めちゃくちゃおもしろかったですよ。前の先生がひどかったから、何やってもほめられる(笑)。

ぼくにとっての勲章は、日本総研っていうシンクタンクが「都道府県別幸福度ランキング」っていうのを2012年に発表して、長野県が最も幸福な県になったことです。長野は貧乏ですよ、県民所得でいえば大阪に比べてもぐんと低い。でも、お金は大事なんだけど、お金だけじゃないっていうところに、人生のおもしろみがある。たとえば健康づくりでも、野菜の摂取量を多くすることや減塩指導を内科のお医者さんがやるんだけど、ぼくはその上に心のリセットというところに重点をおくわけ。それが別解なわけ。

脳卒中が多い地域に行くと、医者は脳卒中の救命率を上げようとするんです。それが一番かっこいいから。でも馬鹿じゃないかという気もする。助ける前に発生しないようにしてあげたら、何倍も住民は喜ぶはずだ。住民の視点で見てないから救命率の高い低いになるんです。お医者さんにとっての正解にみんな振り回されてるんです。住民から見たときに、どんな医療があったらいいのか。倒れないほうがいいに決まっている。よしんば倒れても、二度と倒れないようにするんではなく、倒れてもこの地域だったら最期まで面倒見てもらえるというふうにする。そこにいっぱい別解があるのに、誰も気がつかないわけですよ。

ぼくは往診をしたり、日本で初めてデイケアっていうのを始めるわけですが、それも別解なんです。

デイケアを始めたのですが、初めはやる場所なかったのよ。だから職員の図書室でやった。そうするとお医者さんが学会発表するっていう時期になると、図書室が使えなくなる。学会で使えないときには、一番安くて、お金がかかんないで、空いてるところはどこだろうってみんなで話し合ってたら、墓地公園の集会所。

会場　笑

鎌田　職員に聞いたら「お盆とか、お彼岸のときだけ開いていますが、それ以外はほとんど使われてません」「じゃあ、そこに死にそうな人を連れてくか」って。

○とか×かでいうと、大変なことをしてるわけですよ。墓地公園に死にそうな人を連れてく。それでも○と×の間にはいろんな△があって。そりゃお金があればもっといいところがあるわけだけど。お金がかかんなくて、いつも空いてる、その墓地公園に行ってデイケアにした。坂道をみんなで車椅子を押してね。それを町の人たちが見るんですよ。今度来た若い先生たちは、こんなことしてくれてるのかって。すると、地域の人たちも参加してくれるんですよ。

なかには、子育てが終わって65歳くらいでボランティアを始めて20年になる人もおられます。もう85歳で、するとデイケアの患者さんなのか、ボランティアなのか分からない（笑）。これがまたいいんですよ、両方ともボケちゃってて。だけど、なんか通じてるのね。同じ時代に同じ地域で育ってるから、これはぼくたちにはできない世界です。ボケ同士でつながっちゃう。いや、だから、まるでもう全然お金のない病院で×なんだけど、そんなことすると実におもしろい△がいっぱい生まれてくるよね。

話はそれますけど、認知症ケアで一番注目されてるのはバリデーションっていう療法なんです。認知症のある人も価値ある人と思うと、その認知症の人の迷惑行為がものすごく減るっていうものです。北欧から始まった介護テクニックです。家庭でも施設でも価値ある人と思われることでその人も生き方や働き方が変わってきます。

夫も育てなきゃならないのに、たいがいの奥さんは「夫は価値がない」と思うでしょ？

会場　笑

鎌田　でも、せめて奥さんに「うちの夫はすごい」って思われない限り、夫は出世していかないし、新しい世界を切り開けないですよ。それは反対も同じです。夫が「ああ、すごい女房もらったな」って言ってくれたら、明日から生き方が奥さん変わると思いますよ。

実はだからほんのちょっとなんです。長野県が長寿県になったからといって、ぼくは長生きオリンピックで優勝したいわけではなく、ぼくが望むのは、幸せに生きることです。発想が違うんです。テレビの健康番組とぼくの発想はまったく違います。テレビが伝えるのは技術で、この野菜を食べれば長生きするとか、1日にバナナ3本食べれば健康になるなんて馬鹿じゃないかと思います。多くの人は、こういうの好きなんです。「ためしてガッテン」を10年間見続けても健康になってない人がほとんど(笑)。

それは行動変容が起きないようなテレビ番組ばかりだからです。でも、今日みたいな場は起きますよ。ぼくはこうやって、年間80回を地域でやったわけです。

二村　ありがとうございます。では、ここからは会場の読者のみなさんからの質問にお答えいただく形で進めたいと思います。

読者　先生は、内部被曝などにも大変詳しいと思います。『チェルノブイリのかけはし』やイラクの劣化ウラン弾で大変なことになっている子どもたちを助けるための活動をされていますので本当のことを教えてください。福島第一原発のあと、私の子どもや孫にマグロやサンマ、食べさせていいんでしょうか。

鎌田　たぶん大丈夫だと思います。でもわからないです。低線量被曝に関しては、基本的には、ぼくが信じてるのは、正比例の関係です。100mSv《ミリシーベルト》以上浴びると、がんが0・5％増えるっていうことは、世界が認めています。その100mSvにいかない、低いところはどうなんだってお話です。余分な放射能は浴びないほうがいい。ですから微量でも放射能が含まれているかもしれない魚やなんかを食べないというのが一つの考え方です。けれども、魚は長野県で健康づくり運動してるときに、いい食べ物の代表選手なわけです。EPAとかDHAっていうオメガ3がとても優れてる。だから子どもたちには、魚好きな子どもにしたいわけです。今世界が日本より長寿になりたいと思って、魚の多様な食べ方を学んでる。これはものすごく大事なわけです。
だけども、じゃあ絶対大丈夫か。ぼくは内科医で、胸部のレントゲンをよく使います。線量はすごく低いです。でも、出産の可能性のある女の人に関して言えば、まず胸部のレントゲンはとらないですよね。それは、やはり被曝というのが、わずかだけど、何かを起こす可能性があるからです。
じゃあ魚を食べないほうがいいか？　あるいは野菜も危ないかもしれない。大事なのは、そういう不安を煽るんじゃなくて、大事なのはすべての食品の放射能の見える化をすることなんです。だから今のご質問に答えるとすれば、放射能の見える化をもっと徹底的に微量なところも、やっていくべきです。「ND＝検知不能」なんてごまかしではなくちゃんと測って数字を明確にして、その情報をもとにお母さんやお父さんが自己決定できるようにすべきです。うちはこれだったら買う、これだったら買わないっていうのを市民が決められるようにするのが民主主義のやり方だと思います。

読者　普通の人であろうと、国のトップであろうと、今の世の中は、自分中心の勝手な行動をとっている、こんな悪い社会になってしまっている。そんななか、私はあえて、正義、正解をもってそれを強く感じて、今の日常生活を送っているのですが、そうすると、やはり反発も多く、どのラインで生きていったらいいのかを先生に教えていただきたいと思っています。

鎌田　難しいねぇ。でも、どんないいことをしても、正義でもって生きても、かならず1割の人がいろんなことを言います。批判が出ますよ。でもこれは民主主義社会では、受け入れるしかないです。言葉を封殺することよりも、それぞれが自分の意見を言えることが大事で、やはりどんないいことやっても、「そんなことしたって、なんにも変わんない」と言われる。でも、この言葉に負けないことです。正しいと思うことは、やることです。それをやり続けることが大事だと思ってます。だから、人の目とかを気にしない、空気を読みすぎない。空気を読めることは大事だけど、空気に負けないことっていうのはもっと大事なことだと思いますね。

読者　末期がんの母を看病しています。でも寄り添う気持ちのもちようがわからなく、ただただ母の話すことにうなずくことしかできません。これでいいんでしょうか。

鎌田　ぼくの『大・大往生』(小学館)を読んでいただくといいですね(笑)。ぼくはずっと、緩和ケア病棟にかかわって、55歳で引退した今もホスピスの回診をしてます。もうがんの末期で、助かりませんよって宣告を受けられた人でも、ぼくたちの病院では理学療法士や作業療法士がつくんです。やっぱり昨日より今日よくなったって言うと、本人は少し明るくなるんです。本人は治らないってわかってる。でも、治らないからしょうがないんじゃなくて、治らないんだけど、昨日より今日はよくなりたいんです。

人間には不思議な力があります。この前の6月、梅を漬ける時期に、80歳すぎたおばあちゃんが乳がんで、肺に転移が起きて、もう酸素を吸わないと生きていけないゼーゼーした状態になってたんです。それでも鼻から酸素を入れながら、歩く訓練してたんですよ。ぼくが回診に行ったときあまりにも苦しそうだったから、「おばあちゃんもう無理しなくていいよ」ってぼくが言ったら、「先生、私がやりたくてやってることだから、ほっといてくれませんか」。おばあちゃんこう言いました。「もう先生、助からないのはわかってんだけど、私は、家へ帰って、梅を漬けたい。先生、もう私は自分が食べれないことは知ってるよ。梅干しが熟しておいしくなるころに、私はこの世にいないのは知ってる。だけど、子どもや孫に梅を食べてもらいたいんだ。梅を食べながら、私のことを思い出してくれれば、私はとても幸せなんだ。今苦しくたっていいんだ。苦しくたって、家に帰りたいんだ」。誰にも生きがいが必要なんです。

どんな人も最期まで自分らしく生きることと、やりたいことをやること。今日はぼくは、父親から自由に生きていいぞって言われたと話しました。みんな自分が自由であるはずのことを忘れちゃってるんです。だから最期の最期まで、やっぱり自分らしくどう生きるのかって、ふだんから考えておかないと、最期が突然来ちゃうと、それに飲み込まれちゃう。

だからぼくは遺言を書きました。ぼくががんの末期になったら、家族全員で温泉に行きたいなって書いてます。ぼくは孫が4人いるんですね。4人の孫に背中を流してもらえたら、ぼくはそれでもう満足だなって。脳卒中で倒れたら、ぼくはジャズが好きだから、ジャズ喫茶へ連れていってほしい。3カ月に1回でいいから。ジャズ喫茶って地下にあるじゃないですか。階段狭いんですよ。で、みんなで協力して、ぼくをかついでほしいって。それは、ぼくが亡くなったあとのウォーミングアップだよって書いてある。

あと、女房を楽にしてあげるために、会葬礼状も書いてあります

こういう書き出しです。「知らない間に死んじゃいました。あなた様にもお世話になったのに、最後にお会いできず、お礼も言わず、申し訳ありませんでした。医者ではありながら、死に際を間違えました。今日はお忙しいなかご会葬いただき、心から感謝をします。女房も子どもたちも疲れきっているので、失礼が多々あると思いますが、お許しください。ぼくは変わった人間なのですが、この世を十分に楽しみました。

でも、あの世へ行ってもきっとぼくは楽しんでいると思います。あなたのことを待っていません」

会場 笑

鎌田 「この世は1回だけなので、ぼくは先に行きますけど、あなた様はできるだけ長くこの世を楽しんできてください。お世話になりました。サンキュー、グッバイ。鎌田實」

こういう会葬礼状をもらって、葬式の帰りの電車で読んだら、みんな笑うだろうなって。葬式だから泣いてもらいたいけど、泣いたあと、なんかやっぱり鎌田らしいなって。そう思ってるうちに、死ぬっていうことが、こわくなくなったんです。だから葬式も、○と×じゃなくて、いろんな△があると思えば、楽なんですよ。俺はこういう△でいいな、って。このことに気がついていれば、生きることも死ぬことも死んだあとのことも、ものすごく楽になる。

二村 ありがとうございました。時間がそろそろ迫ってきてまして最後の質問です。

読者 結婚して、15年になりますが、お互いの価値観の違いで、大げんかしてしまいます。鎌田先生が考える、夫婦間の△は、何だと思われますか？

鎌田 まいったなあ(笑)。そうかあ、あるよね。それまで全然違う人生を生きてきた人が同じ屋根の下に生きるんだから大変だよね。まるで違うんだもんね。けんかしてもいいんじゃないかな。吐き出すことができるなら。

人は弱い動物だから。ぼくは母に抱きしめられることで、母もオキシトシンを出して病気と戦ったと思うし、ぼくも母に抱かれたことで生きれたわけよ。大げんかした後は、抱き合ったらどうですかね。オキシトシンが出ますよ。ハグするとね。けんかをしても、抱き合えるパートナーがいるってことは、すっごく大事なことじゃないですかね。だから二人が内にこもっちゃって、言いたいことも言わないよりも、ときどき爆発したほうがいいですよ。でも、やっぱり、終わったら抱き合うことじゃないですかね。すみません。経験が浅いもんで。

二村　ありがとうございました。それでは時間になりました。

鎌田　ぼくが今回ここへ来さしてもらったのは、二村さんがものすごくいい仕事をしてるっていうこともあるんだけど、できるだけ小さな店に行きたかったんです（笑）。

大きな会社は生きていけるんですよ。アマゾンだって便利ですよね、注文したら、その日や翌日に届く。でも人は人とつながって生きる、一人で生きていけない。二村さんは、もちろん本の専門家として素晴らしい本をお客様にお勧めしてんだろうけども、同時に、本を渡しながら、もっとプラスアルファの何かを二村さんはみなさんに送りたいから、町で一生懸命お父さんやお母さんがやってきた店をさらに魅力的な本屋さんにしようとしてる。

ぼくたちは、この20年ぐらい大きなお店を作れば便利になると思ってやってきて、大事なものを失ってきました。商店街が豊かだった頃、その商店街のおじさんたちやおばさんたちがお祭りをやって。でも大きなお店は地域の祭りなんかに興味をもってくれない。その町の子どもたちがどうあろうとも、大きなお店にとっては関係ないんですよ。

でも二村さんみたいなお店は、子どものこともお年寄りのことも、町の空気を大事にしてますよ。そのことにもっと早くぼくたちが気がつかなくちゃいけなかった。つまりぼくたちは○か×かで決めてきちゃったんです。それで○のほうを選んできた。合理的に○を、○に近いものを選んできちゃったんです。いやほんとは、その間に大切な△があるんです。早くそのことに気がつかないと。

TPPでも原発の問題でも、もう一回民主主義の原点でもある○と×の間、時代にふさわしい一番の△はどこにあるか、ってみんなで話し合わなくちゃいけない時期に、ぼくたちは来てんだろうと思いますね。

ポプラ社のおかげで、この『○に近い△を生きる――「正論」や「正解」にだまされるな』という本を書きました。もうみなさんは手遅れで、あんまり役に立たないと思うけれども(笑)、若い人へのプレゼントにしてください。どうもご清聴ありがとうございました。

［了］

作家と読者の集いの記録

隆祥館書店では、2011年から同店の多目的ホールを中心に、「作家と読者の集い」を開催している。2019年10月までに242回を数えることになり、平均して月に2.5回開催されてきた。

その特色は、「場所貸し」ではなく、二村知子が当該書籍を読み込み、原則として二村が聞き手となってきたことがあげられる。

書店が作家の講演を行うことは珍しくなくなっている昨今、これは特筆すべきことと言える。

ここに、242回の記録を収録することで、その全体像を伝えたい。

注1）「本のタイトル」には講演タイトルが記載されている場合があります
注2）2013年に実施回数の整合をはかっているため、一部開催日程順でない場合があります
注3）作家名には登壇者の一部を割愛している場合があります

（ころから編集部）

回数	月日	作家名	本のタイトル	後援・出版社
2011年				
1	10.10	百田尚樹	永遠の0	太田出版
2012年				
2	01.21	藤岡陽子	トライアウト	光文社
3	02.18	美木良介	ロングブレスダイエット	徳間書店
4	03.23	井上理津子	さいごの色街　飛田	新潮社
5	05.19	田中啓文末牧野修×我孫子武丸	大正二十九年の乙女たち	アスキー・メディアワークス
6	06.08	佐高信×村上信夫	ことばのビタミン	近代文藝社
7	08.04	百田尚樹	海賊とよばれた男	講談社
8	08.18	荻野シゲアキ	頭蓋筋ストレッチ	青春出版社
9	09.08	黄瀬徳彦 唐津裕美	TRUCK NEST	集英社
10	09.21	西村貴好	ほめる達人	マガジンハウス
11	11.10		大人のぬりえ	河出書房新社
12	11.15	近藤典子	40歳からの人生を輝かせる50のヒント	光文社
13	11.17	相場英雄	震える牛	小学館
14	12.15	江弘毅	飲み食い世界一の大阪	ミシマ社

回数	月日	作家名	本のタイトル	後援・出版社
2013年				
15	01.18	村上信夫	嬉しいことばの種まき	近代文藝社
16	01.19	青山裕企	＜彼女＞の撮り方	ミシマ社
17	02.18	【dancyu】	dancyu	プレジデント社
18	02.24	百田尚樹×村上信夫	夢を売る男	太田出版
19	11年開催			
20	12年開催			
21	12年開催	たなかやすこ	おはなしの会	
22	12年開催			
23	02.16			
24	03.16	岡いくよ		
25	05.16	たなかやすこおはなしの会	がたんごとんがたんごとん	福音館書店
26	06.09		大人の塗り絵(サクラクレパス)	河出書房新社
27	04.10		大人の塗り絵(サクラクレパス)	河出書房新社
28	12.10	松川加代子	薔薇のヨガ	
29	05.13	松川加代子	薔薇のヨガ	
30	05.27	松川加代子	薔薇のヨガ	
31	11.10	二村知子		
32	12年開催	二村知子		商業界
33	03.08	川上徹也	魔法のマーケティング	フォレスト出版
34	03.13	MICAO	うかたま	農文協
35	03.15	橋爪節也	Wao! Yao! 八尾の入り口	140B
36	04.13	湯浅誠	反貧困	朝日新聞社
37	04.27	井村雅代	教える力	新潮社
38	05.19	小出裕章	原発の真実　など	
39	06.21	川上徹也×吉永圭佑	自分のことを話すのが苦手でいつも損している。	廣済堂出版
40	07.19	島田潤一郎×空犬	本屋図鑑	夏葉社
41	07.27	本渡章	大阪古地図パラダイス	140B
42	08.05	山崎亮	コミュニテイデザイン	学芸出版
43	08.25	米澤鐵志	ぼくは 満員電車で 原爆を 浴びた	小学館
44	09.08	細見周	反原発を貫く研究者たち	岩波書店
45	09.15	喜多條清光	昆布水の減塩レシピ	メディアワークス
46	10.06	第１回ビブリオバトル		
47	10.13	鎌田實	○に近い△を生きる	ポプラ社
48	10.17	柴崎友香	よう知らんけど日記	京阪神エルマガジン社
49	10.21	谷川彰英	大阪「地理・地名・地図」の謎	実業之日本社
50	10.27	井村身恒×小辻昌平	織田作之助　昭和を駆け抜けた伝説の文士オダサク	河出書房新社

回数	月日	作家名	本のタイトル	後援・出版社
51	11.16	堀江貴文	ゼロ	ダイヤモンド社
52	11.17	深谷圭介	例解学習国語辞典	小学館
53	11.28	白洲信哉	朱漆「根来」中世に咲いた華	目の眼
54	12.11	うかたま編集長×MICAO	雑誌「うかたま」	農文協
55	12.13	津村記久子	ポースケ	中央公論新社
56	12.22	綱島理友×イワヰマサタカ	日本プロ野球ユニフォーム大図鑑	ベースボールマガジン
2014年				
57	01.17	間宮吉彦	間宮吉彦の「間」	140B
58	01.25	本郷義浩	うまい店の選び方	角川書店
59	02.09	藤岡陽子	手のひらの音符	新潮社
60	02.16	ちだい	食べる？ 食品セシウム測定データ745	新評論
61	02.20	井上勝利×原口起久代	Dancyu	プレジデント社
62	03.19	武部好伸	ウイスキー アンド シネマ	淡交社
63	04.16	石渡嶺司×柳本周介	就活のコノヤロー	光文社
64	04.17	藤本孝則先生	国語力アップの秘訣	受験研究社
65	04.19	松本紀生	原野行	クレヴィス
66	05.11	明智憲三郎	本能寺の変の真実	文芸社
67	05.17	鎌田實	人間らしくヘンテコでいい	集英社
68	05.19	今宵堂	今宵堂 きょうの晩酌	平凡社
69	05.25	牧野修×田中啓文	日本SF短編50 Ⅳ	ハヤカワ文庫
70	05.30	小野雅裕	宇宙を目指して海を渡る	東洋経済新報社
71	06.06	川上徹也	物を売るバカ	角川書店
72	06.26	長谷川義史×村上信夫	へいわってすてきだね	ブロンズ新社
73	06.24	平川克美	銭湯経済のすすめ	ミシマ社
74	08.23	藤岡陽子	波風	光文社
75	08.28	内田樹×釈徹宗	日本霊性論	NHK出版
76	09.12	武藤康弘×譽田亜紀子	はじめての土偶	世界文化社
78	10.03	久坂部羊	いつか、あなたも	実業之日本社
77	10.05	江部康二	主食を抜けば糖尿病は良くなる！	東洋経済新報社
79	10.10	綱本武雄×江弘毅	大阪名所図	140B
80	10.17	町には本屋さんが 必要です会議	本屋会議	夏葉社
81	10.25	加藤ひろみ	顔ダンス	世界文化社
82	11.07	石倉文信	男のええ加減料理	講談社
83	11.12	加古陽治	真実の「わだつみ」	東京新聞出版
84	11.19	名越康文	どうせ死ぬのになぜ生きるのか	PHP研究所
85	12.13	美月ここね	だいじょうぶ 心の声が聴こえるよ	実業之日本社
86	12.18	増山実	空の走者たち	角川春樹事務所

回数	月日	作家名	本のタイトル	後援・出版社

2015年

回数	月日	作家名	本のタイトル	後援・出版社
87	01.11	平尾剛	近くて遠いこの身体	ミシマ社
88	01.16	本渡章	古地図が語る大災害	創元社
89	01.23	森下信雄	元　宝塚総支配人が語る「タカラヅカ」の経営戦略	KADOKAWA
90	01.25	山田隆道×亀山つとむ	虎がにじんだ夕暮れ	幻冬舎
91	02.05	渡部里美×武部好伸	ウイスキーを楽しむ	ゆめディア
92	02.16	冨田泰伸×伊戸川浩一	一個人	KKベストセラーズ
93	03.18	牧野修	冥福ー日々のオバケ	光文社
94	03.22	湯川カナ×奥村聡	他力資本主義宣言	祥伝社
95	03.29	山嶋哲盛	認知症と動脈硬化を防ぐ50のコツ	ワニブックス
96	04.06	木下昌輝	宇喜多の捨て嫁	文藝春秋
97	04.12	北川央×六波羅雅一×柏木宏之	大坂の陣 歴史検定試験	世界文化社
98	04.19	堤信子	旅鞄いっぱいの京都ふたたび文具と雑貨をめぐる旅	実業之日本社
99	04.20	井純充×内田利恵子	マイクロ・ライブラリー	学芸出版
100	05.14	井上理津子×堀井久利	葬送の仕事師たち	新潮社
101	06.14	岡いくよ	子どもに伝えたい　絵本のゆたかな世界	
102	06.15	甲野善紀	今までにない職業をつくる	ミシマ社
103	06.21	宮下隆二	未来は、ぼくたちの未来。	小学館
104	07.03	ブブ・ド・ラ・マドレーヌ×樋野展子×大岡淳	21世紀のマダム・エドワルダ	光文社
105	08.02	北康利	佐治敬三と開高健　最強のふたり	講談社
106	08.23	大川真郎	裁判に尊厳を懸ける	日本評論社
107	09.13	カベルナリア吉田	沖縄戦546日を歩く	彩流社
108	10.04	谷均史	みんなのなかで　そして　みんなとともに	いつも青空舎
110	10.25	村上信夫	人は、ことばで磨かれる	清流出版
109	10.26	内海聡	医者が教える あなたを殺す食事 生かす食事	フォレスト出版
111	11.28	古市憲寿×柴田悠	『子育て支援』と『保育園義務教育化』	小学館
112	11.29	加藤ひとみ	顔ダンスで即たるみが上がる！若返る！	世界文化社
113	12.13	玉岡かおる	天平の女帝　孝謙称徳	新潮社
114	12.20	坂本敏夫	典獄と934人のメロス	講談社

2016年

回数	月日	作家名	本のタイトル	後援・出版社
115	01.23	井上ミノル	もしも真田幸村が中小企業の社長だったなら	創元社
116	02.05	小出裕章	原発と戦争を推し進める愚かな国日本	毎日新聞出版社
117	02.10	道上洋三	ふたつめの誕生日、AERA	朝日新聞出版、ワニブックス

回数	月日	作家名	本のタイトル	後援・出版社
118	02.11	谷均史	みんなのなかで そして　みんなとともに	いつも青空舎
119	02.20	相場英雄	ガラパゴス	小学館
120	03.05	吉澤暁子× 七緒編集部・鈴木康子	七緒	プレジデント社
121	03.07	真山仁	海は見えるか	幻冬舎
122	03.12	今井一	「解釈改憲＝大人の知恵」という欺瞞	現代人文社
123	03.14	本郷義浩	自分をバージョンアップする　外食の教科書	CCCメディアハウス
124	03.27	YOUCHAN、 磯田さわ吾ほか	同人誌　こんなのはじめて	
125	04.10	日野行介 森松明希子	原発棄民　フクシマ5年後の真実	毎日新聞出版社
126	04.11	高野登	おもてなし日和	文屋
127	04.17	平田オリザ	下り坂をそろそろと下る	講談社
128	04.20	堤未果×村上信夫	政府は必ず嘘をつく増補版	KADOKAWA
129	04.29	井上理津子×新居未希	関西かくし味	ミシマ社
129-2	05.15	二村知子	AERA現代の肖像	朝日新聞出版
130	05.22	西靖	聞き手・西靖　道なき道をおもしろく	140B
131	05.29	森沢明夫	エミリの小さな包丁	KADOKAWA
132	06.04	井上達夫	憲法の涙	毎日新聞出版社
133	07.25	小堀純	中島らも短編小説コレクション 「美しい手」	筑摩書房
134	07.29	稲垣えみ子	魂の退社	東洋経済新報社
135	08.20	堤未果	政府はもう嘘をつけない	KADOKAWA
136	08.21	梶本修身	すべての疲労は脳が原因	集英社
137	08.27	服部磨早人	ママと子の子育て相性学	主婦の友リトルランド
138	08.28	稲垣司	やるっきゃない俺たち防災対策部	マーブルブックス
139	09.06	河治和香	遊戯神通 伊藤若冲	小学館
140	09.11	森耕治×松川加代子	フェルメール無言の叫び	学芸出版
141	09.15	内田樹×白井聡	属国民主主義	東洋経済新報社
142	09.16	小榑雅章×澤田康彦	花森さん、しずこさん、 そして暮しの手帖編集部	暮しの手帖社
143	10.01	大山良徳	大山式ウォーキング	主婦の友社
144	10.14	嶽本野ばら	落花生	サイゾー
145	10.29	武部好伸	大阪「映画」事始め	彩流社
146	11.05	MICAO	うかたま44号	農文協
147	11.19	戸川安宣	ぼくのミステリ・クロニクル	国書刊行会
148	12.02	久坂部羊	老乱	朝日新聞出版
149	12.10	出口治明	仕事に効く教養としての世界史Ⅱ	祥伝社
150	12.18	近藤史恵	マカロンはマカロン	東京創元社

回数	月日	作家名	本のタイトル	後援・出版社
2017年				
151	01.19	谷口稜曄	谷口稜曄聞き書き原爆を背負って	西日本新聞社
152	02.15	岡部佳子	中国人観光客の財布を開く80の方法	新潮社
153	02.20	嶋田美津恵	美しい自爪への実践体験講座	マガジンハウス
154	03.12	鎌田實	検査なんか嫌いだ	集英社
155	04.06	江弘毅	いっとかなあかん店大阪	140B
156	04.14	白波瀬	貧困と地域	中央公論新社
157	04.22	市川英恵	22歳が見た、聞いた、考えた 被災者のニーズと居住の権利	クリエイツかもがわ
158	05.14	土居豊	いま、村上春樹を読むこと	関西学院大学出版部
159	05.21	おくだやすひこ	無農薬のバラで作るバラジャム	NHK出版
160	06.04	出口治明	世界史の中の日本（3回連続講義）	祥伝社
160-2	06.04	出口治明	世界史の中の日本（3回連続講義）	祥伝社
160-3	09.10	出口治明	世界史の中の日本（3回連続講義）	祥伝社
161	06.08	岸田ひろみ	ママ死にたいなら死んでもいいよ	致知出版
162	06.12	山崎雅弘×内田樹	天皇機関説事件	集英社
163	06.17	有栖川有栖×戸川安宣	ミステリ国の人々	カドカワ
164	06.21	石坂典子	五感経営	日経BP社
165	07.03	堤江実	伝えたいことがあります。	三五館
166	07.20	鮫肌文殊×小堀純	らぶれたあ俺と中島らもの6945日	講談社
167	07.16	小林せかい	やりたいことがある人は未来食堂に来て下さい	祥伝社
168	08.17	名越康文	他人の壁	ソフトバンクパブリッシング
169	09.01	林田明夫	真説　陽明学入門	三五館
170	09.10	森耕治×松川加代子	ゴッホ太陽は燃え尽きたか	インスピレーション出版
171	09.18	大谷内輝夫	脊柱管狭窄症を自分で治す	主婦の友社
172	09.14	副編集×桂二葉	Meets Regional	京阪神エルマガジン
173	09.24	湯浅誠	なんとかする子どもの貧困	カドカワ
174	09.30	出口治明	教養は児童書で学べ・最強の働き方	光文社・PHP
175	10.05	秋田和輝	家庭画報・北斎特集	世界文化社
176	10.12	内田樹×山崎雅弘	街場の天皇論	東洋経済新報社
177	10.18	仲野徹	こわいもの知らずの病理学講義	晶文社
178	10.29	明智憲三郎・漫画家・藤堂裕	本能寺の変は変だ・信長を殺した男	文芸社・秋田書店
179	11.02	鎌田實	人間の値打ち	集英社
180	11.04	石阪京子	奇跡の3日片付け・夢を叶える7割収納	講談社
181	11.08	悠木そのま	ハーバード・流幸せの技術	PHP研究所
182	11.18	武部好伸	ウイスキー＆シネマ2	淡交社
183	12.03	丹羽宇一郎	戦争の大問題	東洋経済新報社
184	12.10	藤岡陽子	満天のゴール	小学館

回数	月日	作家名	本のタイトル	後援・出版社
185	12.16	木下昌輝	秀吉の活	幻冬舎

2018年

186	01.20	髙島幸次	上方落語史観	140B
187	02.25	小野雅裕	宇宙に命はあるのか	SBクリエイティブ
188	02.17	旗手啓介	告白　あるPKO隊員の死・23年目の真実	講談社
189	03.17	藤田富美恵	秋田實　笑いの変遷	中央公論新社
190	03.25	我孫子武丸	怪盗不思議紳士	KADOKAWA
191	04.14	松本創	軌道　福知山線脱線事故 JR西日本を変えた闘い	東洋経済新報社
192	04.15	朝井まかて	雲上雲下	徳間書店
193	05.26	名越康文	生きるのが“ふっと”楽になる13のことば	朝日新聞出版
194	06.08	白井聡×大澤聡	国体論—菊と星条旗	集英社
195	07.22	鬼丸昌也	平和をつくるを仕事にする	筑摩書房
196	06.13	谷口雅美×髙島幸次×釈撤宗	大坂オナラ草紙	講談社
197	06-24	木村元彦	オシム　終わりなき闘い	小学館
198	07.13	岡本聡子×原井メイコ	ママたちを支援する。ママたちが支援する。	せせらぎ出版
199	07.29	立石泰則	戦争体験と経営者	岩波書店
200	07.15	船瀬俊介	あぶない　抗ガン剤	共栄書房
201	07.13	tomo	レースの手づくりアーム・カバーワークショップ	
202	8.11~12		かいけつゾロリ	ポプラ社
203	08.19	森定泉	動く図鑑MOVEのびっくりクイズ大会	講談社
204	09.17	安村正也×ナカムラクニオ	夢の猫本屋ができるまで	ホーム社
205	09.07	城島徹×陸奥賢	謝る力	清水書院
206	09.14	増山実	波の上のキネマ	集英社
207	09.29	川崎哲	核兵器はなくせる	岩波書店
208	09.22	木村元彦×二村知子×宝上真弓	週刊金曜日 9月14日号	金曜日
209	10.12	空犬太郎	レコードコレクターズ 7月号	ミュージックマガジン
210	10.14	依岡隆児×礒井純充	ギュンター・グラス「渦中」の文学者	集英社、ビブリオラボとくしまほか
211	11.17	バッキー井上	いっとかなあかん店　京都	140B
212	11.25	たかのてるこ	生きるって、なに？	テルブックス
213	11.23	明智憲三郎	光秀からの遺言	河出書房新社
214	12.02	堤未果	日本が売られる	幻冬舎
215	12.09	藤岡陽子	海とジイ	小学館
216	12.15	堀口初音	七緒 vol.56	七緒編集部
217	12.16	ナカムラクニオ	初めての金継BOOK	光文社
218	12.05	久坂部羊	介護士K	KADOKAWA

回数	月日	作家名	本のタイトル	後援・出版社
2019年				
219	01.19	相澤冬樹	安倍官邸 vs NHK	文藝春秋
220	02.09	梅﨑知子	重ね煮でつくる不調のときの養生スープとごはん	家の光社 主婦の友社
221	02.23	仲野徹	(あまり)病気をしない暮らし	晶文社
222	02.11	木村元彦	争うは本意ならねど	集英社
223	03.02	寮美千子×坂本敏夫	あふれでたのはやさしさだった、 典獄と934人のメロス	西日本出版社 講談社
224	03.09	宝上真弓	絵本を親子の処方箋に!	
225	03.15	空犬太郎	AOR AGE vol.14	シンコーミュージック
226	04.07	六代豊竹呂太夫× 大島真寿美	渦(UZU)　妹背山婦女庭訓 魂結び	文藝春秋
227	03.24	浜田敬子	働く女子と罪悪感	集英社
228	04.28	越前敏弥	翻訳百景	KADOKAWA
229	4月	宝上真弓	絵本を親子の処方箋に!	
230	05.25	岡田よしたか	うどんのうーやん	ブロンズ新社
231	06.05	木下昌輝×木内繁男	金剛の塔	徳間書店
232	06.09	山崎雅弘×内田樹	歴史戦と思想戦	集英社
233	06.13	望月衣塑子×内田樹× 相澤冬樹	「安倍晋三」大研究	KKベストセラーズ
234	07.20	鳥山真翔	美顔ボイトレ	祥伝社
235	08.10	山納洋×新之介	歩いて読みとく地域デザイン ～普通のまちの見方・活かし方～	学芸出版社
236	07.28	西村秀樹	朝鮮戦争に「参戦」した日本	三一書房
237	08.02	空犬太郎	ミュージックマガジン 11月号	ミュージックマガジン
238	07.27	砥上雅夫	動く図鑑MOVEシリーズ	講談社
239	08.21	内田樹	そのうちなんとかなるだろう	マガジンハウス
240	08.25	中西光雄×伊藤公雄	唱歌の社会史	メディアイランド
241	08.31	あまから手帖編集長× 藤丸智史	あまから手帖9月号	クリエテ関西
242	09.01	太田慎也×木村元彦× 黒川祥子	WHO I AM　パラリンピアンたちの肖像	集英社

それでもまた奇跡は起こせる

『オシムの言葉』はうちには一冊も入って来なかったんですよ、と言われたときの驚きは大きかった。売りたいと思ってくれている町の書店のことを考えず、法人税を日本にほとんど払っていないアマゾンで首位になって喜んでいた、何も知らなかった（64ページ18行目参照）自分を恥じた。

本は、返品の効く委託販売だし、再販制度で全国どこも同じ価格である。だから書店経営はリスクも少ないし、フェアな競争がなされている、とばかり思っていた。その実態は本書に記した通りである。実績があっても欲しい本が手に入らない。逆に求めていない、ニーズの無い本が送られてきて即入金を迫られる。返品しても月末10日分の返金は先送りにされる。長きに渡る、このランク配本、見計らい配本制度、同日入帳問題が独立系の小さな町の書店を苦しめて来た。

出版社が大小含めて約3000社、書店が約8000軒、しかし、その間を繋ぐ取次《とりつぎ》店は実質たったの2社なのである。取材を続けていくうちに、公正取引委員会も問題視したこの寡占状態が、大きな弊害になっていることが分かった。2本しかない動脈を抑えられてしまえば、ビジネス面への影響はもちろん、内容に関わらず人為的なベストセラーさえ容易に作ることができる。そして、それはまたヘイト（差別扇動）本の流通に大きく関わっていることに気づかされた。

二村知子が2019年3月にビジネス・インサイダー・ジャパンに書いた「なぜ書店にヘイト本があふれるのか」（3月3日配信）は、そのからくりを記したものだが、大きな反響を呼ぶ中、出版業界にいる作家も編集者も、その実態をほとんどが知らなかったことが露見した。

ヘイト本がいかに社会を壊して来たか、その流れをさらっておきたい。安倍首相は在日韓国・朝鮮人の「特別永住権」について、「特権ではなく資格である」と答弁し、「生活保護優遇」についても厚生労働省は「同じ基準で判断しているので優遇の事実は無い」と回答している。これら代表的な二つの事柄を含めた「在日特権」とされる優遇制度はすでに国によって、その存在を否定され、デマであったことが確定している。事実無根の「在日特権」を最初に書籍という形で垂れ流し、ヘイトスピーチに至る流れを作ったのが、2005年に普遊舎から刊行された『マンガ嫌韓流』(山野車輪)シリーズである。

当時ジュンク堂書店で仕事をしていた書店員に取材をすると、「何の本かも分からず、どんどん取次から送られてきて、棚に入れられ、猛烈な勢いで、一度に20冊、30冊と組織買いがなされていったんです」という。しかし、このシリーズの実態は、多くの朝鮮近現代史の学者たちからその記述の過ちを指摘されている。このあたりのことは『さらば、ヘイト本!』(ころから刊)に詳細に書いたので重複は避けるが、版元の晋遊舎の山中進編集局長に聞いたところ、その内容は裏も取れていないネット上の嫌韓の流言飛語をまとめたデマの集大成であると、発行人である彼自身が認めている。

しかし、紙媒体がお墨付きを与えたということで、「在日特権」なる言葉は事実であるかのように瞬く間に広まった。これが、ヘイトスピーチを街頭でまき散らす在特会(在日特権を許さない市民の会)の活動に連なっていった。

まさにデジャブを見る思いだった。私は90年代から、ボスニアやコソボの紛争地帯を取材してきた。ユーゴスラビア時代に民族融和をしていたこれらの国でどのようにして紛争が起き、虐殺や迫害に至り、モラルが崩壊していったのかを顧みると、ひとつの法則がある。歴史修正、フェイクニュース、そしてヘイト＝差別煽動と分断である。二村善明の言う「本は毒にも薬にもなる」の毒の散布である。

矜持なき出版社が、ただ売れるからという理由で、作家の信頼を無くしてまで加担する責任は大きいが、先述の書店員の言質を借りれば、日本の場合は取次もまた無関係ではないのではないか。今や、(ひとつの利権とも言える)取次傘下、取次直営の書店でなければ、もう生き残りは困難なほどに独立系書店は追い詰められている。

一方、今回の取材の中では、かなり前の段階から書店の未来を憂い、こういった取次の寡占状況に危機感を持って改革しようとしていた人々が版元にいたことも知ることができた。第１部に登場する小学館の黒木を筆頭とした各出版社の販売営業の人々は、勉強会を立ち上げ、町の書店のために、(本書では触れなかったが)日本の中心である長野県の須坂《すざか》市に巨大書籍倉庫を作って全国各地への流通を合理的に行う「須坂構想」や、直に版元と書店が繋がることのできる制度作りに奔走した歴史があった。残念ながら、それらは、志半ばで潰えてしまったが、黒木は「実現していればもっと早く、本を欲しがっている書店に適正に本が送れたし、アマゾンにも対抗できた。本屋をここまでの大廃業から救えたことを考えると悔恨は禁じ得ない」という。今読んでも文春の名女川《なめがわ》が、町の書店の重要性を「毛細血管」にした例えは見事である。

二村知子は２０１９年９月にドイツとフランスの書店事情を視察に行っている。

ドイツでは、ベルリンでギュンター・グラスゆかりのAutorenbuchhandlung通称「作家たちの本屋」やハンブルグのstoriesを訪れ、フランスではShakespeare and Companyに足を運んでいる。

「フランスでは書店員さんが、反アマゾン法で自分たちが守られていることを、深刻な状況でも希望の光があるように嬉しそうに語ってくれました」

フィリペティ文化大臣はこの法律を通すときに「文化への接点として不可欠な個人書店を守るために絶対に必要」と語ったと言われている。

知子は亡き父が、反アマゾン法が成立したときに「さすが、フランスや！」と叫んだのを覚えている。善明は、ロダンの考える人を店のカバーにし、携帯の着信音をフランス国歌にするほどフランスびいきであった。その理由がパリでまた理解できたという。

「フランスは国民も政府も、いっときの利便性に魅かれてしまってグローバル企業の独占が一気に進んだら、多くの書店が廃業して、パリが生んだ作家や読者の集い場が消えてしまう。そのことが分かっていはるんでしょうね。ドイツはアマゾンの影響も無い。なぜなら書店が、夕方6時までに注文した本は、翌日朝、店が開くまでに到着するという日本では考えられない取次による即納サービスがあるのです。つまり、アマゾンよりも早い。ドイツは取次が80社もあって、書店と団結してグローバル企業と闘っているんです。私もドイツがやっている本の見本市みたいな、本屋が自分のお客様のために事前に予約注文し望んでいる人に届ける、というやり方をやっていきたい。そうすれば取次さんへの返品率も下がると思うのです」

日本ではアマゾンに対抗して、書店が選択すれば2日で入るブックライナーというシステムが作られたが、これはドイツ型と違い、取次が利益を7％取るので、書店利益が22％（大型書店は27％）とすると、ほぼその3分の1が抜かれることになる。町の書店は、なるべく使いたくないのであるが、最近は在庫をネットで確認すると、新刊発売当日なのに通常在庫がゼロで、このブックライナー在庫が大量にあるというケースが頻繁にある。こうなるとサービスではなく、実質的な値上げである。

「すでにトーハンは小書店を見捨てているのではないか」と黒木も語る。このあたり、直接トーハンに意図と展望を聞きたかったが残念ながら、広報より断りの連絡が入った。

知子は、本書を出版するにあたり、こんな言葉を発した。

仕組みが改善されれば、昔ながらの小さな書店でもやっていけるはずです。

新しい形のセレクトショップの本屋さんや、古本屋さんは、増えています。

取次を使わずに、トランスビューなど直接出版社から仕入れる方法でされているケースが多いです。

けれども取次経由をメインにする小さな本屋はこのままでは続けられないところまで来ているのです。

当店も毎日が闘いです。

でも、やっぱり本が好きで、本には価値があると信じています。

「本」を通じて人と繋がれることを嬉しく思っています。

小さな本屋の娘に生まれたことを残念に思ったことがありましたが、

今は、置かれた場所で一生懸命にできることをしようと思っています。

取次を通さない本だけでやっていくことも考えたが、そうすると雑誌が置けなくなり、子どもたちや下駄ばきで来るおっちゃんたちを失望させてしまう。作家のイベントも行うが、あくまでも老若男女に利用してもらえる町の書店として取次とともに本を売っていきたいと言う。

独立系書店は、入帳時期も、仕入れ正味の値も、配本も、大型書店と比較すれば2秒で辞めたくなるような境遇で、淘汰されるのが、もはや時間の問題とも言われている。善明の代からの文学全集を含め、2代続けてこれだけの販売実績のある本屋が制度的な苦境にあるのは、本当に残念である。それでもまた13坪から奇跡は起こるかもしれない。

第2部に登場いただいた小出、藤岡、井村、鎌田の各氏からは、講演録の収録について「隆祥館書店のためなら」と即座にご快諾を頂きました。作家と書店が信頼で結びついていることを目の当たりにする思いでした。

取材に協力頂いた方々、特に遠慮会釈の無い不躾な質問にも「本と本屋と読者のためなら」と、真摯に答えて頂いたトーハン元会長の上瀧博正氏にも謝辞を捧げたい。

そして自分には不釣り合いなほどに素晴らしいカバー絵を描いて下さった絵本作家の降矢ななさんに心から感謝申し上げます。ころからの木瀬&安藤コンビ、今回もお疲れ様でした。またフットサルやりましょう。

なお、文中は原則として敬称を略しました。

念のために。本書の内容に関することの全ての責任は著者にあります。間違っても隆祥館書店のお店の方には問い合わせなどされませんように。

木村元彦